Köstliches
aus der
bayerischen
Küche

Andreas Geitl

Köstliches
aus der
bayerischen
Küche
von

Andreas Geitl

KOMET
Edition Kock

Sonderausgabe für KOMET MA-Service und Verlagsgesellschaft mbH, Köln
Alle Rechte bei: Hans-Peter Kock, Bielefeld
Gesamtherstellung: KOMET MA-Service und Verlagsgesellschaft mbH, Köln
ISBN 3-933366-24-0

Vorwort

In einer Zeit, in der sich der weitgereiste Mensch mit Recht der internationalen Küche geöffnet hat und gewohnt ist, zum „Italiener" oder zum „Griechen", zum „Franzosen" oder gar zum „Japaner" zu gehen, möchten wir die heimische Küche wieder mehr in unser Bewußtsein rücken.

Diese hat in den letzten Jahren fast unmerklich eine beachtliche Entwicklung genommen, indem ihre Köche von Überkommenem ausgingen und es in geänderten Rezepten zeitgemäß darbieten.

Hier ist Andreas Geitl, der Küchenchef vom Forsthaus Wörnbrunn, ein kompetenter Vertreter dieser Richtung – dem Bewährten verbunden und trotzdem für Neues aufnahmebereit. In diesem Buche stellt er uns nicht nur traditionelle bayerische Gerichte vor, sondern er variiert die „Klassiker", schöpft Neues und bietet uns eine Küche, die dem Verlangen der neuen Zeit nach leichter und raffinierter Kost Rechnung trägt.

Die bayerische Küche wurde beeinflußt von Böhmen, von Österreich und Ungarn, von Italien und Frankreich und hat im Verlauf der Geschichte ihre typische Eigenart und Vielfalt bewahrt, die sie über die bayerischen Landesgrenzen hinaus weltbekannt gemacht haben.

Man ist erstaunt über Würste aus Kalbs- und Schweine-
fleisch, die man Weißwürste nennt und vormittags zu
Brez'n und Bier verspeist; man wundert sich über „Leber-
käs", der weder Leber noch Käse enthält und meist als
sogenanntes Schmankerl, einem Happen für zwischendurch, gegessen wird. Und daß man einen „Radi"
schneiden können muß und salzen, damit dieser
„weint", um dann richtig zu munden, hat man in anderen
Gegenden Deutschlands, geschweige denn der Welt,
nicht wieder angetroffen.

Mit diesem Kochbuch erheben wir nicht den Anspruch,
alle traditionellen bayerischen Gerichte vorgestellt zu
haben, sondern wir beschränken uns auf eine Auswahl
der bewährten und neuesten Rezepte des Autors. Mögen
gerade die jungen Hausfrauen durch seine Kreationen
animiert werden, einmal etwas mehr Zeit und Liebe auf-
zuwenden, um Bayerisches auf den Tisch zu bringen.

Und nun steigen Sie ein in die Vielfalt der bayerischen
Küche mit „Sulz'n" und „G'schmelzt'n", mit „Hax'n"
und „Knödeln", mit „Nockerln" und „Pflanzerln", mit
„Schwammerln" und „Wammerln" – die Mengenanga-
ben in den Rezepten sind fast immer auf vier Personen
bezogen – „... 'n Guat'n!"

Autor und Herausgeber

Hessen · Rhön · Thüringen · Sachsen

Hof

Coburg

Schweinfurt · Main · Bamberg · Bayreuth

Würzburg · Böhmen

Mittelfranken · Erlangen · Weiden

Fürth · **Nürnberg** · Oberpfalz

Rothenburg · Ansbach · Cham

Dinkelsbühl · **Regensburg**

Baden-Württemberg · Straubing

Donau · Deggendorf

Ulm · Donauwörth · Ingolstadt · Isar · **Passau**

Augsburg · **Landshut**

Freising · Altötting

Schwaben · Lech · Inn

München · Österreich

Überbayern

Lindau · Kempten · **Rosenheim**

Garmisch- · Berchtesgaden

Oberstdorf · Partenkirchen · Königssee

Mittenwald

Österreich

7

Inhalt

Vorspeisen und Schmankerln

Aus bayerischen Suppentöpfen

Aus bayerischen Gewässern

Fleisch- und Gemüsegerichte, Wildgerichte

Süßspeisen

Vorspeisen
und
Schmankerln

Tellersulz vom Schweinsbraten

ein vorzügliches Schmankerl vom Schweinsbraten des Vortages. Sollte Ihnen der Aufwand für die Sülze zu groß sein, so können Sie auch Gelatine verwenden. Das gleiche Ergebnis werden Sie jedoch nicht erzielen!

800 g Schweins- und Kalbsfüße, 500 g Schweinsbraten (kalt vom Vortag), 1 geschälte Zwiebel, Pfeffer, Lorbeer, Nelken, Salz, Essig, 150 g Wurzelgemüse (Karotten, Lauch, Sellerie), 1 gekochte Karotte, 2 Essiggurken, 1 gekochtes Ei, Petersilie, 1 kg Kartoffeln.

Schweins- und Kalbsfüße in kaltem Wasser zusammen mit der Zwiebel, den Gewürzen, etwas Salz und Essig zum Kochen bringen. Dabei öfters den Schaum abnehmen, damit die Sülze klar bleibt.

Nach etwa 1 1/2 Stunden die Wurzelgemüse beigeben und alles noch etwa 1 Stunde weiterkochen lassen. Den Sud durch ein Sieb passieren und auf etwa 3/4 Liter einkochen. Mit Salz, Pfeffer und Essig kräftig abschmecken.

Nun den Schweinsbraten in dünne Scheiben schneiden, auf tiefe Teller verteilen, salzen, pfeffern und die etwas abgekühlte Sülze darüber verteilen. Garnieren mit gekochten Karottenscheiben, Essiggurken, gekochten Ei-Scheiben und Petersilie. Die Sülz'n kalt stellen. Dazu Bratkartoffeln servieren.

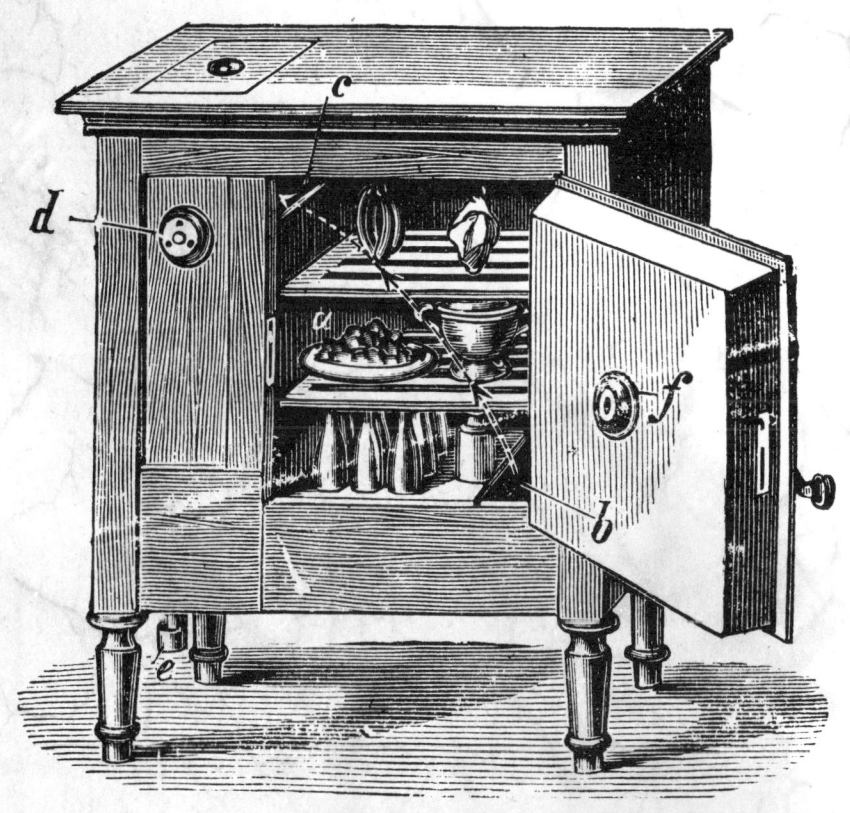

Eisschrank Ende 19. Jahrhundert

G'röste Semmelknödel mit Pfifferlingen

Servieren Sie dieses Gericht gleich in der Pfanne und verzichten Sie nicht auf den Knoblauch, er verleiht den Pfifferlingen den vollen Geschmack.

3 Semmelknödel vom Vortag, 50 g Butter, 400 g frische, geputzte Pfifferlinge, 1 fein gewürfelte Zwiebel, etwas Salz, Pfeffer aus der Mühle, etwas Knoblauch, 6–8 Eier, gehackte Blattpetersilie.

Die Semmelknödel in Scheiben schneiden und in einer Pfanne in Butter knusprig braten.

In einer weiteren Pfanne die geputzten Pfifferlinge und die fein gewürfelten Zwiebeln in Butter braten, anschließend mit Salz, Pfeffer und etwas Knoblauch würzen.

Dann die Pfifferlinge zu den gebratenen Knödelscheiben geben, die geschlagenen Eier darüber, die Blattpetersilie dazu und das Ganze gut durchschwenken. Nachschmek-ken. Fertig!

O'batzda

dieser Begriff kommt von mit den Händen „anbatzen", was etwa anmachen heißt und in der Tat mit den warmen Händen am besten geht. Sie können aber auch eine Gabel nehmen. Dazu gehört ein frisches, resches Brot und eine frisch 'zapfte Maß!

300 g Camembert (reif), 1 Zwiebel, 80 g Butter, 1 Prise Paprika, etwas Kümmel, Salz, Pfeffer aus der Mühle, etwas Bier.

Den Camembert in kleine Stücke schneiden, die Zwiebel fein würfeln und zusammen mit der weichen Butter und den Gewürzen vermengen. Mit einem Schuß Bier wird der O'batzda noch geschmeidiger und pikanter. Zum Schluß mit Salz und Pfeffer abschmecken.

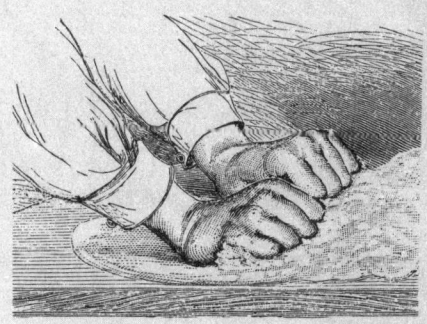

„Anbatzen" mit den Händen

15

Kälberne Briesmilzwurst

Die Briesmilzwurst gehört schon seit eh und je zu den „Klassikern" und zu den beliebtesten Schmankerln der bayerischen Küche.

Hergestellt wird sie aus Kalbsbrät, Kalbsmilz, Kalbsbries (Thymusdrüse des Kalbes) und Gewürzen. Eine gute Briesmilzwurst wird bestimmt von der Menge des Brieses, das beigegeben wird, und hängt ab vom Geschick des Metzgers.

Die beste Briesmilzwurst im Raum München macht unbestritten der Wirtsmetzger der Gaststätte Großmarkthalle, Heinz Wallner. Natürlich beziehen auch wir die Briesmilzwurst von ihm.

Bevorzugt wird die Milzwurst eigentlich „natur" in Butter gebraten oder paniert und gebacken. Aber es gibt auch Kenner, die sie besonders „in der Brotsupp'n" schätzen, mit „abg'schmelzten Zwiebeln".

Außer in der Suppe wird zur Briesmilzwurst immer ein Salatteller gereicht, zu dem ein echter Kartoffelsalat gehört.

Blutwurstg'röst'l

Ein deftiges kleines Gericht für zwischendurch − das sich sowohl als warme Vorspeise wie auch als Hauptgericht vorzüglich cignct.

8 Blutwürste, 600 g gekochte Kartoffeln, 2 Zwiebeln, etwas Schweineschmalz, 200 g gekochtes Sauerkraut, Salz, Pfeffer, Kümmel.

Zunächst die Kartoffeln und die Zwiebeln in Scheiben schneiden, dann zusammen im Schweineschmalz leicht braun braten.
Die Blutwürste häuten, zerkleinern und zusammen mit dem Sauerkraut in die Pfanne geben, kurz mitbraten lassen, dann mit Salz, Pfeffer und Kümmel würzen.

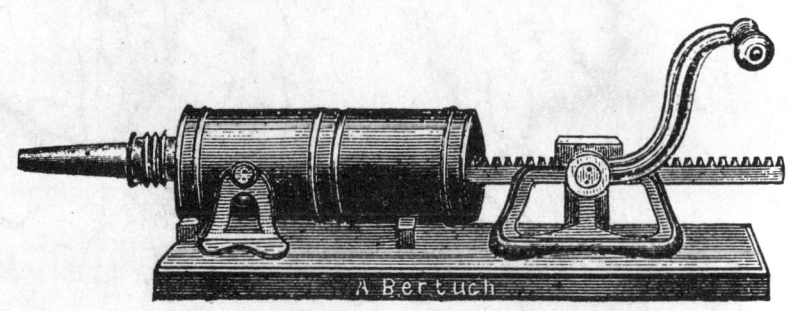

Wurstmaschine um 1900

Kohlrabischnitzel in der Kräuterkruste

Für Liebhaber vegetarischer Kost eine schöne Sache! Auch Sellerie, Zucchini oder Auberginen lassen sich auf diese Weise zubereiten.

3 mittelgroße Kohlrabi, Salz, Pfeffer, Saft von 2 Zitronen, 100 g Semmelbrösel, gemischte gehackte Kräuter, 100 g Mehl, 2−3 Eier, 100 g Butterschmalz, 1 Becher Joghurt, 1/2 Becher Sauerrahm, 1 Messerspitze Curry.

Den Kohlrabi schälen, in 1/2 cm dicke Scheiben schneiden und 2 Min. in sprudelndem Salzwasser blanchieren. Gut abtropfen lassen, mit Salz, Pfeffer und Zitronensaft würzen.

Die Semmelbrösel mit den gehackten Kräutern vermengen. Nun die Kohlrabischnitzel nacheinander in Mehl, Ei und den Kräuterbröseln panieren und in Butterschmalz langsam ausbacken.

Joghurt, Sauerrahm, Zitronensaft und Curry sowie etwas Salz und Pfeffer miteinander verrühren und zu den Schnitzeln servieren. Dazu passen Butterkartoffeln und ein frischer Salat.

Kohlrabi

19

Schwammerl-Maultaschen mit Zwiebeln

Für den Nudelteig: 300 g griffiges Mehl (Wiener Grießler), 50 g Grieß, 3 Eier, Salz, lauwarmes Wasser, 3 Eßl. Öl.

Für die Pilzfüllung: 80 g Steinpilze, 80 g Pfifferlinge, 30 g Champignons, 1 kleine Zwiebel, 1 Knoblauchzehe, 30 g Butter, Salz, Pfeffer aus der Mühle, 50 g Kalbsbrät, 1 Ei, gehackte Blattpetersilie, 1 Ei, Salz-wasser.
Für die Zwiebeln: 30 g Butter, 2 mittelgroße, in Streifen geschnittene Zwiebeln.
Zum Servieren: 1 Becher Sauerrahm, Schnittlauch.

Für den Nudelteig alle Zutaten zu einem glatten Teig verarbeiten, in Klarsichtfolie einwickeln und etwa 1 Stunde kalt stellen.
Für die Füllung die Pilze putzen und klein hacken. Zwiebel und Knoblauch in feine Würfel schneiden und in Butter anbraten. Die Pilze dazugeben und mitbraten. Mit Salz und Pfeffer würzen. Vom Feuer nehmen und aus-

kühlen lassen. In einer Schüssel mit dem Kalbsbrät, Ei und der Petersilie vermengen und abschmecken.

Den Nudelteig sehr dünn ausrollen und auf die halbe Teigfläche im Abstand von 3−4 cm jeweils 1 Eßlöffel der Schwammerl-Füllung daraufsetzen. Die Zwischenräume mit Ei bestreichen. Die andere Teighälfte darüberlegen und mit einem Holzstiel die Zwischenräume festdrücken. Mit einem Teigrad die Maultaschen schneiden und in Salzwasser 3−4 Minuten kochen.

Die Zwiebelstreifen in Butter braun „abschmelzen", leicht salzen und pfeffern. Die Maultaschen aus dem Wasser nehmen, abtropfen und in vorgewärmten, tiefen Tellern anrichten. Die Zwiebeln darübergeben und mit etwas Sauerrahm und Schnittlauch servieren.

Schwammerl-Maultaschen können auch in einer guten Fleischbrühe serviert werden. Phantastisch schmecken sie auch als Beilage vor allem zu Wildgerichten.

Champignons

Saures Lüngerl

600 g frische Kalbslunge, 1 gespickte Zwiebel, jeweils 4–6 Pfefferkörner und Wacholderbeeren, 120 g Mehl, 100 g Schweineschmalz, Zucker, Salz, Pfeffer, Essig, Senf, 8 Semmelknödel.

Die gut gewaschene und gewässerte Lunge mit der Zwiebel, Pfefferkörnern und Wacholderbeeren etwa 45 Min. kochen. Die Lunge herausnehmen und kalt stellen.

Den Sud auf etwa 1 1/2 Liter einkochen, Zwiebel und Gewürze entfernen.

Aus Mehl, Schweineschmalz und etwas Zucker eine dunkelbraune Einbrenne herstellen. Diese mit dem Sud auffüllen und 1/2 Stunde unter öfterem Rühren kochen lassen, dann durch ein Sieb passieren.

Mit Salz, Pfeffer, Essig und etwas Senf „sauer" abschmecken. Die Lunge in feine Streifen schneiden und in die Soße geben. Nochmals kurz aufkochen und mit Semmelknödeln servieren.

Ein artverwandtes Gericht ist das niederbayerische Beuscherl. Hierbei werden außer der Lunge noch Kalbsbries, Zunge, Herz und Kutteln verwendet. Die Zubereitungsart ist die gleiche, nur wird das Beuscherl nicht so sauer abgeschmeckt.

„Eigener Herd ist Goldes wert"

23

Schrobenhauser Spargeln in Orangen-Vinaigrette

der in der Gegend um Schrobenhausen angebaute Spargel ist für seine besonders gute Qualität weithin bekannt.

1 kg Schrobenhauser Spargel, Salz, Zitrone, Zucker, 50 g Butter, 1/4 Liter frisch gepreßter Orangensaft, 1/2 geriebene Orangenschale, etwas Sherry-Essig, 1/8 Liter Öl, Salz, Pfeffer aus der Mühle, etwas Zucker, 1 Eigelb, 1 Schuß Grand Marnier.

Den Spargel schälen und an den unteren Enden etwa 3 cm abschneiden. Zum Kochen Salzwasser mit etwas Zitrone, Zucker und einem Stück Butter versetzen und den Spargel etwa 10 Min. kochen.

Für die Orangen-Vinaigrette den Orangensaft, die abgeriebene Orangenschale, etwas Sherry-Essig und das Öl mit Salz, Pfeffer, Zucker, Eigelb und dem Grand Marnier im Mixer kräftig schlagen.

Den noch heißen Spargel in die Orangen-Vinaigrette legen und mindestens 1 Std. marinieren.

Wahlweise können Sie zu dieser Spargel-Vorspeise zusätzlich noch etwas Schinken, Geflügel oder ein Stück gebratenen Fisch reichen.

Praktische Spargelzange zum Kochen von Spargel

Joghurtsülze mit Lachsforelle und ihrem Kaviar

erfordert schon ein wenig Geschick, vor allem im Umgang mit der Gelatine, doch der Aufwand lohnt sich! Eine Vorspeise, die Sie gut am Vortag zubereiten können und wunderbar erfrischend schmeckt!

350 g Lachsforellenfilet (völlig entgrätet), 40 g fein geschnittene Schalottenwürfel, 1/4 Liter trockener Weißwein, 1/2 Liter Joghurt, 100 g Crème fraîche, Salz, Pfeffer, Zitrone, 30 g Aspikpulver, 60 g Forellenkaviar, Terrinenform mit Klarsichtfolie ausgelegt.

Das Lachsforellenfilet in etwa 1 cm dicke Scheiben schneiden. Schalottenwürfel im Weißwein andünsten. Die Lachsforellenscheiben darin ganz kurz pochieren (keinesfalls ganz durchgaren) und gleich kalt stellen.

Joghurt mit Crème fraîche verrühren, dann mit Salz, Pfeffer, Zitrone abschmecken. Die Gelatine im erkalteten Weinsud auflösen, zum Kochen bringen und durch ein Sieb passieren. Den heißen Weinsud (ca. 50 Grad) flott in die Joghurtmasse einrühren und „auf Temperatur" halten, den Kaviar ebenfalls hineingeben und nochmals durchrühren.

Die Sülze und die Lachsforellenfilets abwechselnd in Schichten in eine mit Klarsichtfolie ausgelegte Terrinenform umfüllen. Sobald die Joghurtmasse anfängt zu stokken, abdecken und kalt stellen (am besten über Nacht! Sollte die Sülze während des Einfüllens zu schnell anziehen, ganz vorsichtig wieder erwärmen!).

Vorsichtig aufschneiden (z. B. Elektromesser) und ein wenig Salat dazu servieren.

… den heißen Weinsud flott in die
Joghurtmasse hineinrühren!

Schwammerlragout mit Semmelknödel

200 g Steinpilze, 200 g Reherl (Pfifferlinge), 200 g Maronenröhrlinge, 100 g Champignons, 3 Schalotten, 2 Knoblauchzehen, 200 g Butter, 50 g Mehl, 1/2 Liter Brühe, 1/8 Liter Weißwein, 1/2 Liter Sahne, Salz, Pfeffer aus der Mühle, gehackte Petersilie.

Die Schwammerl putzen, waschen und schneiden. (Steinpilze jedoch sollten Sie nicht waschen, sondern besser mit einem feuchten Tuch abwischen!)

Schalotten und Knoblauch fein würfeln und in 100 g Butter andünsten, Mehl dazugeben. Dann mit Brühe, Weißwein und Sahne auffüllen und unter ständigem Rühren (5−10 Min.) zu einer cremigen Soße kochen, salzen, pfeffern und mit dem Mixer kräftig schlagen.

Die Schwammerl in der restlichen Butter gut anbraten, mit Salz und Pfeffer würzen und nacheinander in die Soße geben. Zum Schluß reichlich gehackte Petersilie hinzufügen und nochmals nachschmecken. Zu Semmelknödeln servieren.

Schwarzer und weißer Preßsack von feinen Fischen

(für 8 Personen)

400 g Fischfilet, z. B. Waller, Lachs, Seezunge, Forelle, 1 Liter Fischbrühe (herstellen aus Fischkarkassen, Gemüse und Gewürzen), 50 g fein geschnittene Schalotten, 1/4 Liter Weißwein, Salz, Pfeffer aus der Mühle, Zitrone, etwas Essig, 1 Räucheraalhaut, 20 g Gelatine, Tinte vom Tintenfisch, 100 g fein gewürfelte Gemüse von gekochten Karotten, Sellerie und Lauch, 150 g geräucherte Forellenfilets, 150 g Filet vom Räucheraal.

Fischfilets in der Fischbrühe auf den Punkt garen und kalt stellen. Brühe auf 1/2 Liter einkochen.

Dann die Schalottenwürfel im Weißwein so lange einkochen, bis fast die gesamte Flüssigkeit verdampft ist.

Die Fischbrühe mit Salz, Pfeffer, Zitrone und Essig kräftig würzen. Sie soll leicht sauer schmecken. Räucheraalhaut dazugeben und in der heißen Brühe etwa 10 Min. ziehen lassen. Die Brühe durch ein sauberes Tuch passieren und die Gelatine beigeben.

Nun die Brühe auf zwei Schüsseln verteilen. In eine der beiden die Tinte hineinrühren, bis die Brühe tief schwarz ist, nochmals erwärmen und durch ein Tuch passieren.

Schließlich die Fischfilets abwechselnd mit den Zwiebeln, den Gemüsewürfeln und den Räucheraal- und Forellenfilets in 2 kleine Terrinenformen einschichten. Jeweils mit schwarzem und weißem Gelee auffüllen und über Nacht kalt stellen.

Eine Scheibe weißen und eine Scheibe schwarzen Fisch-Preßsack servieren. Dazu gehören eine kalte Meerrettichsoße, Bratkartoffeln und frischer Salat.

Aus bayerischen Suppentöpfen

Schaumsupperl von geräucherten Forellen

2 geräucherte Forellen, 1/2 Liter Fischbrühe, 40 g gehackte Schalotten, 60 g Butter, 35 g Mehl, 1/8 Liter trockener Weißwein, Salz, Pfeffer aus der Mühle, Zitrone, 1 Prise Safran, 1 Schuß Pernod, 1/4 Liter geschlagene Sahne, etwas gezupfter Dill.

Zunächst die Forellen filetieren. Haut und Köpfe etwa 20 Min. in die heiße Fischbrühe legen und durch ein Sieb passieren.

Die gehackten Schalotten in Butter andünsten, das Mehl einrühren. Dann die Fischbrühe und den Weißwein aufgießen und 5 Minuten kochen lassen. Mit Salz, Pfeffer, Zitrone, einer winzigen Prise Safran und einem Schuß Pernod (oder auch Cognac) abschmecken. Die Suppe nochmals durch ein Sieb passieren und aufmixen. Nun die geschlagene Sahne vorsichtig einrühren, den Dill untermengen und die Suppe nochmals abschmecken.

Die Forellenfilets in kleine Stückerl schneiden, in die Teller geben und mit der schaumigen Suppe auffüllen.

Brotsupp'n mit Briesmilzwurst

Früher war diese wahrlich bayerische Spezialität immer ein Hauptgericht, von dem man satt wurde, doch inzwischen findet dieses Suppengericht als kleines Schmankerl zwischen 10 und 12 Uhr immer mehr Freunde.

1 Knoblauchzehe, 60 g Butterschmalz, 150 g altbackenes Bauernbrot, 2 Zwiebeln, Salz, Pfeffer, Muskat, 4 Scheiben Briesmilzwurst zu je 80 g, 1 1/2 Liter kräftige Rindsbrühe, gehackte Petersilie und Schnittlauch.

Zuerst eine Pfanne mit zerdrücktem Knoblauch ausreiben, die Hälfte des Butterschmalzes auslassen und das in mundgerechte Stücke geschnittene Brot darin leicht rösten. Herausnehmen und beiseite stellen. Mit dem restlichen Butterschmalz die in halbe Ringe geschnittenen Zwiebeln goldbraun rösten. Brot und Zwiebeln mit Salz, Pfeffer und Muskat leicht würzen.

Dann die gerösteten Brotwürfel und Zwiebeln sowie die Milzwurst in Suppenteller geben und mit der heißen Rindsbrühe übergießen. Schließlich Schnittlauch und Petersilie darüberstreuen und servieren.

Ochsfleischsupp'n mit Kräuterpfannkuchen

Es heißt immer, es gibt keine Ochsen mehr. Das stimmt nicht! Sollten Sie jedoch kein Ochsenfleisch bekommen, tut's auch ein schönes Stück von der Kuh!

800 g Ochsenfleisch (Brust oder Beinfleisch), 3 Markknochen, 1 geschälte Zwiebel, 1/2 geputzte Stange Lauch, 1 Stück Sellerie, 1 Stück Petersilienwurzel, 1 Karotte, 2 oder 3 Pfefferkörner, 1/2 Lorbeerblatt, Salz, Schnittlauch.

Für die Kräuterpfannkuchen: 1/4 Liter Milch, 40 g flüssige Butter, 3 Eier, 1 Eigelb, 90 g Mehl, gehackte Kräuter (Kerbel, Petersilie, Liebstöckl, Schnittlauch), Salz, Pfeffer, Butter zum Ausbacken.

Das Ochsenfleisch und die Markknochen gut waschen und in 2 1/2 Liter kaltem Wasser langsam zum Kochen bringen. Gleich den Schaum abnehmen und je nach Fleischqualität 1−2 Stunden weiter kochen lassen.

Nun die Zwiebel, Lauch, Sellerie, Petersilienwurzel, Karotte, Pfefferkörner und Lorbeer dazugeben und weiter köcheln lassen, bis das Fleisch gar ist. Dieses dann aus der Suppe nehmen und abkühlen lassen. Die Suppe durch ein Sieb passieren und salzen.

Kräuterpfannkuchen: Aus sämtlichen Zutaten einen Pfannkuchenteig herstellen und mit etwas Butter dünn ausbacken. Abkühlen lassen und in Streifen schneiden.

Anrichten: Jetzt das Fleisch würfeln und mit einigen Karottenscheiben, einem Stückchen Zwiebel und wenig Sellerie in den Suppentellern anrichten, die geschnittenen Kräuterpfannkuchen und ein wenig Schnittlauch dazugeben und mit der kräftigen Ochsenfleischsupp'n aufgießen. Wunderbar!

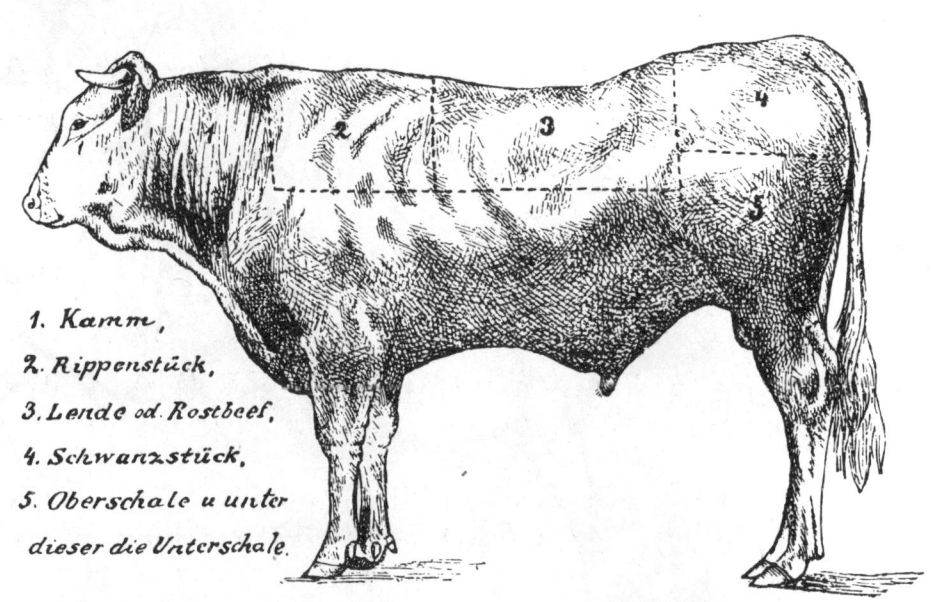

1. Kamm,
2. Rippenstück,
3. Lende od. Rostbeef,
4. Schwanzstück,
5. Oberschale u unter
dieser die Unterschale.

Sahnesupperl vom Kalbsbries

200 g Kalbsbries, 3/4 Liter helle Brühe, 1 Kräutersträußchen, 1 gespickte Zwiebel, 60 g Butter, 50 g Mehl, 1/8 Liter trockener Weißwein, 1/4 Liter Sahne, Salz, Pfeffer aus der Mühle, Zitrone, 80 g Butter zum Aufmixen, 4 Eßl. Schlagsahne, Kräuter

Zuerst das gewässerte Bries in der hellen Brühe mit dem Kräutersträußchen und der gespickten Zwiebel etwa 20 Min. langsam gar ziehen lassen. Das Bries herausnehmen, von Sehnen und Häuten befreien und in kleine Röschen zupfen.

Aus Butter und Mehl eine helle Mehlschwitze herstellen. Diese mit dem Weißwein und der Briesbrühe (Kräutersträußchen und Zwiebel vorher entfernen) aufgießen, dann etwa 10 Min. kochen lassen. Die Sahne beigeben, mit Salz, Pfeffer und einem Spritzer Zitronensaft abschmecken, durch ein Sieb passieren und mit Butter im Mixer sämig schlagen. Anschließend die Briesröschen leicht erwärmen und als Einlage in die Suppe geben. In Suppentassen mit einem Eßlöffel geschlagener Sahne und frisch gehackten Kräutern servieren.

Bratnockerlsuppe

die würzige Variante aus mit Blattpetersilie hergestellten Bratnockerln. Blattpetersilie ist wesentlich aromatischer als die übliche krause Petersilie.

150 g Kalbsbrät (vom Metzger), 1/8 Liter Sahne, 1−2 Eßl. Semmelbrösel, 1 Ei, Salz, Pfeffer, Muskat, Blattpetersilie, 1 Liter kräftige Brühe.

Zunächst das Kalbsbrät mit der Sahne, den Semmelbröseln, dem Ei und den Gewürzen zu einer geschmeidigen, homogenen Masse verarbeiten.

Dann die Blattpetersilie grob abzupfen (es dürfen auch ein paar Stiele dabei sein), fein wiegen und zur Masse geben.

Mit einem Teelöffel zu Nockerln formen und in die nicht zu heiße Brühe geben, etwa 5−10 Min. ziehen lassen und sofort servieren.

Suppenteller mit praktischem Löffelhalter

Bayerische Kartoffelsuppe

eine kräftige Kartoffelsuppe war früher als Hauptmahlzeit sehr beliebt – dazu gab's frisches Brot oder auch hausgebackene Schmalznudeln, ungezuckert.

1 Zwiebel, 1 kl. Lauch, 1 Karotte, 1/2 Knoblauchzehe, 50 g Butter, 50 g fein gewürfelter, geräucherter Speck, 1 Stück geräucherte Speckschwarte, 500 g geschälte Kartoffeln, 1 1/2 Liter Fleischbrühe, Salz, Pfeffer, Majoran, 1/8 Liter Sahne, etwas Butter.

Zuerst Zwiebel, Lauch, Karotte und Knoblauch klein schneiden und in der Butter zusammen mit dem fein gewürfelten Speck und der Speckschwarte andünsten.

Die Kartoffeln ebenfalls klein schneiden und dazugeben. Mit der Brühe aufgießen und alles etwa 20 Min. weich kochen. Dann die Speckschwarte entfernen und mit Salz, Pfeffer und Majoran würzen.

Das Ganze mit einem Kartoffelstampfer oder in einem Mixer etwas zerkleinern, bis eine leichte Sämigkeit ent-

steht. (Die Suppe sollte jedoch nicht ganz fein sein, sondern noch einige Stücke Kartoffeln und Gemüse ent-
halten.) Zum Schluß nochmals nachwürzen und mit der
Sahne verfeinern.

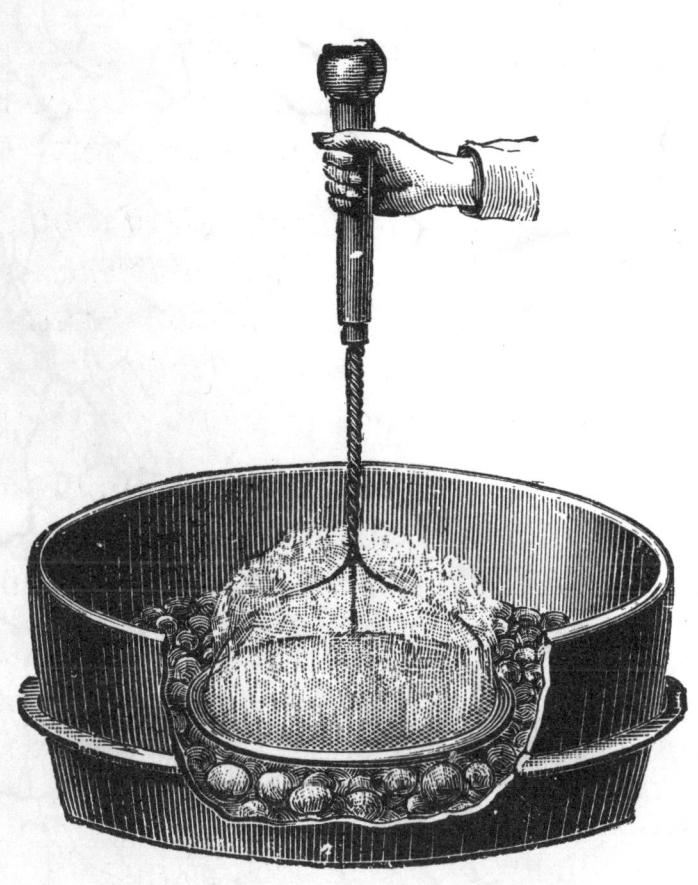

Kartoffelstampfer Mitte 19. Jahrhundert

Allgäuer Käsesuppe mit Weißbierkrusteln

40 g fein gewürfelte Schalotten, 50 g Butter, 1 Knoblauchzehe, 30 g Mehl, 3/4 Liter Fleischbrühe, 1/4 Liter Sahne, 100 g Schmelzkäse, 50 g geriebener Allgäuer Bergkäse, Salz, Pfeffer, Muskat.

Für die Krusteln: 1 Ei, 1 Eigelb, 20 g Butter, 80 g geriebener Allgäuer Bergkäse, Salz, Pfeffer, 2 Scheiben getoastetes Weißbrot, 1/8 Liter Weißbier, 50 g Schinkenwürfel.

Die fein gewürfelten Schalotten in Butter andünsten, Knoblauch und Mehl beigeben und die Brühe aufgießen, 5 Minuten gut durchkochen lassen, dann durch ein Sieb passieren und mit dem Mixstab durchschlagen.

Sahne, Schmelzkäse und geriebenen Bergkäse in die Suppe einrühren. Die Suppe darf jetzt nicht mehr kochen. Mit Salz, Pfeffer und Muskat abschmecken.

Für die Krusteln Ei, Eigelb und Butter schaumig rühren, den geriebenen Käse dazu geben und mit Salz und Pfeffer abschmecken. Den Toast mit Weißbier beträufeln und mit der Masse etwa 1/2 cm dick bestreichen. Bei starker Oberhitze im Ofen etwa 3–4 Min. überbacken, herausnehmen und in jeweils 4 Stücke teilen. Die Suppe in Tellern anrichten, mit den Krusteln belegen und mit den Schinkenwürfeln bestreuen.

Käseherstellung in einer Sennhütte

Leberknödelsuppe

die weltbekannte bayerische Spezialität mit Knödeln aus geschabter Rindsleber und -milz. Man kann die Knödel aber auch aus Kalbs-, Enten- oder Gänseleber herstellen. Auch eignet sich die Masse besonders gut als Geflügelfüllung.

8 altbackene Semmeln, 1 Zwiebel, 50 g Butter, 1 kl. Tasse Milch, 300 g geschabte Rindsleber, 50 g geschabte Rindsmilz, 2−3 Eier, 1/2 gehackte Knoblauchzehe, 1/2 abgeriebene Zitronenschale, gehackte Blattpetersilile, Salz, Pfeffer, Majoran, 1 Liter Rindsbrühe, Schnittlauch.

Die Semmeln halbieren und in feine Scheiben schneiden. Dann die Zwiebel würfeln, in der Butter glasig dünsten, die heiße Milch, Leber, Milz und Eier zu den Semmeln geben. Ebenso sämtliche Gewürze hinzufügen und alles, am besten mit einem Holzlöffel, zu einer festen Masse verarbeiten.

Knödel in gewünschter Größe formen und in kochendem Salzwasser 10−20 Minuten garen. In der heißen Rindsbrühe mit Schnittlauchröllchen servieren.

Grießnockerlsuppe

50 g Butter (Raumtemperatur), 1 Ei, etwas Salz, Muskat, 100 g Grieß, 2 Liter Salzwasser, 1 Liter kräftige Brühe, Schnittlauch.

Zunächst die Butter schaumig rühren, bis sie weiß wird. Ei, Salz, Muskat und Grieß dazu geben und gut miteinander verarbeiten. Die Masse eine halbe Stunde abgedeckt stehen lassen.

Mit Hilfe eines Teelöffels und lauwarmem Wasser längliche Nockerln formen und in das kochende Salzwasser einlegen. Einmal kurz aufkochen, vom Feuer nehmen und weitere 30 Min. ziehen lassen. Die Nockerln in der heißen Brühe mit Schnittlauchröllchen servieren.

Grießnockerln eignen sich nicht nur als Suppeneinlage, sondern sind auch eine leichte und nicht alltägliche Beilage zu Fleisch und Geflügelgerichten.

Suppenterrine

Holledauer Hopfensuppe

zur Zeit, wenn der Hopfen austreibt, kann man die ganz jungen Sprossen sammeln. Dies erfordert viel Arbeit, doch schmecken sie ausgezeichnet und sind darüber hinaus sehr gesund. – Hieraus machen wir eine schmackhafte, nicht alltägliche Suppe.

150 g Hopfensprossen, 3/4 Liter helle Brühe, 1 Lorbeerblatt, 100 g Butter, 50 g Mehl, 1/4 Liter Rahm, Salz, Pfeffer, gemahlener Kümmel, etwas Bier, 1 kl. fein gehackte Zwiebel, frische gehackte Kräuter.

Die Hopfensprossen zwischen den Händen mit etwas Salz reiben, damit sich die dünne Schale löst, die holzigen Enden abschneiden, dann gut waschen.

In der Brühe mit dem Lorbeerblatt nicht zu weich kochen. Abschütten, das Lorbeerblatt entfernen und die Brühe beiseite stellen.

Aus etwa 70 g Butter und dem Mehl eine helle Einbrenne herstellen. Mit der Brühe auffüllen und etwa 5 Minuten kochen lassen. Durch ein Sieb passieren, dann die Sahne beigeben, mit Salz und Pfeffer, sehr wenig gemahlenem Kümmel und einem Spritzer Bier abschmecken. Die Suppe gut aufmixen.

Die fein gehackte Zwiebel in der restlichen Butter gold-gelb dünsten, die Sprossen und die Kräuter darin schwenken und in die Suppe geben. Eventuell mit einem Eigelb verfeinern und schließlich mit einigen gerösteten Brotwürfeln servieren.

Hopfenernte Mitte 19. Jahrhundert

Radiblatt'lsupp'n

der berühmt-berüchtigte Radi, auf hochdeutsch Rettich, der in der bayerischen Küche eine wichtige Rolle spielt, liefert auch würzige Blätter, die ebenso Verwendung finden, wie dieses Rezept zeigt:

Zarte Blätter von 2−3 schönen Radis, 1 kleine Zwiebel, 50 g Butter, 400 g geschälte Kartoffeln, 3/4 Liter helle Fleischbrühe, 1/4 Liter Sahne, Salz, Pfeffer.

Für die Brotwürfel: 2 Scheiben Toastbrot, 40 g Butter.

Radiblätter waschen, abtrocknen und zusammen mit der kleinen, fein gewürfelten Zwiebel in Butter gut andünsten.

Die Kartoffeln klein schneiden und dazugeben, mit der Fleischbrühe auffüllen und etwa 20 Minuten weich kochen.

Das Ganze im Mixer fein durchschlagen. Die Sahne dazugießen und nochmals kurz aufkochen, nachschmecken.

Das Toastbrot in kleine Würfel schneiden und in Butter knusprig backen. Die Suppe in tiefen Tellern anrichten und mit den Brotwürfeln bestreuen.

„ . . . und so wird's gemacht!"

Kräuterrahmsuppe mit Käsekrusteln

bei der es besonders auf die *frischen* Kräuter ankommt und die mit Käse überbackenen Röstbrotwürfel nicht fehlen dürfen.

1 Zwiebel, 80 g Butter, 50 g Mehl, 3/4 Liter Brühe vom Huhn oder Rind, 1/2 Liter Sahne, frische Kräuter nach Jahreszeit (Kresse, Blattpetersilie, Liebstöckl, Dill, Kerbel, Basilikum etc.), Salz, Pfeffer aus der Mühle, etwas Knoblauch.

Für die Käsekrusteln: 50 g Butter, 2 Eigelb, 100 g geriebener Emmentaler, 3 Scheiben Toastbrot, Pfeffer aus der Mühle.

Zuerst die gewürfelte Zwiebel in Butter glasig dünsten und unter Beigabe von Mehl eine helle Einbrenne herstellen. Mit kalter Brühe und Sahne auffüllen. Unter ständigem Rühren aufkochen und 5 Min. kräftig weiterkochen lassen. Dann durch ein Sieb passieren.

Die frischen Kräuter waschen, abzupfen und im Mixer mit etwas Wasser ein schönes grünes Kräuterpüree herstellen. Dieses erst im letzten Moment in die Suppe geben (nur so bleibt die frische grüne Farbe erhalten!) und mit Salz, Pfeffer und etwas Knoblauch abschmecken. Zum Schluß die Suppe mit dem Mixstab kräftig schlagen.

Für die Krusteln die Butter schlagen und mit dem Eigelb sowie dem geriebenen Käse eine Masse herstellen. Diese auf das getoastete Brot streichen und unter dem Grill backen, kurz auskühlen lassen, in Würfel schneiden und pfeffern. Schließlich in der Suppe servieren.

Auf der Alm

Bayerische Hochzeitssupp'n

Diese traditionelle Suppe muß natürlich etwas ganz Besonderes sein. Wenn in Bayern ein Fest gefeiert wird oder gar ein Hochzeitsfest, dann wird vom Feinsten aufgetragen. Eine einfache Knochenbrühe mit Einlage reicht da nicht. Eine richtige Rindssupp'n muß es sein, in der ein gutes Stück Fleisch mitgekocht wird und ein paar Fettaugen nicht fehlen dürfen. Auch gehören dazu die vielen interessanten Einlagen, wie Grießnockerl, kleine Leberknödel, Brätnockerl, Rindfleischwürfel usw. Und vom Gemüse gibt's auch was dazu, damit die Hochzeitssupp'n schön ausschaut, so schön wie die Braut!

1 Liter kräftige Fleischbrühe, 4 kleine Leberknödel, 4 Petersilienbrätnockerl, 4 Grießnockerl, 50 g gekochte Rindfleischwürfel, 1 gekochte Karotte und 1 kleine gekochte Stange Lauch, beide in Scheiben geschnitten, Schnittlauch.

Alle Zutaten in tiefen Tellern anrichten, mit der heißen Fleischbrühe übergießen und Schnittlauch darüberstreuen.

Aus bayerischen Gewässern

Waller im sauren Wurzelsud

Der Waller, auch Wels genannt, der Süßwasserfisch, früher aus Donau und Bodensee, zählt in Bayern zu den bevorzugten Fischschmankerln und ist im Einkauf relativ teuer. Natürlich können Sie dieses Rezept auch mit einem anderen Fisch ausprobieren – mit einem Waller ist es jedoch unübertrefflich!

Für den sauren Sud: 1/4 Liter Wasser, 1/4 Liter Weißwein, Salz, Zucker, 1/8 Liter Essig, 1 Lorbeerblatt, 2 Nelken, 1 Zwiebel.

Für das Wurzelgemüse: 2 Karotten, 1/2 Stange Lauch, 1/4 Sellerie, 1 Petersilienwurzel.

Für das Gericht: 600 g Wallerfilet, frische, gehackte Kräuter (Basilikum, Dill, Petersilie, Schnittlauch).

Zuerst aus dem Wasser, Weißwein, Salz, Zucker, Essig, einem Lorbeerblatt, 2 Nelken und der geschnittenen Zwiebel einen kräftig sauren Sud herstellen. 10 Minuten köcheln lassen und abseihen.

Karotten, Lauch, Sellerie und Petersilienwurzel in grobe Streifen schneiden.

Die Wallerfilets in etwa 60 g schwere Stücke schneiden und zusammen mit dem Wurzelgemüse 6–8 Min. im Sud ziehen lassen. So wird der Fisch gleichzeitig mit dem Gemüse gar (das Gemüse sollte allerdings unbedingt noch „knackig" sein!).

In tiefen Tellern mit einem kräftigen Schuß Sud servieren. Zum Schluß die fein gehackten Kräuter und die braune Butter darübergeben.

Dazu passen hervorragend geriebener Meerrettich und natürlich Salzkartoffeln.

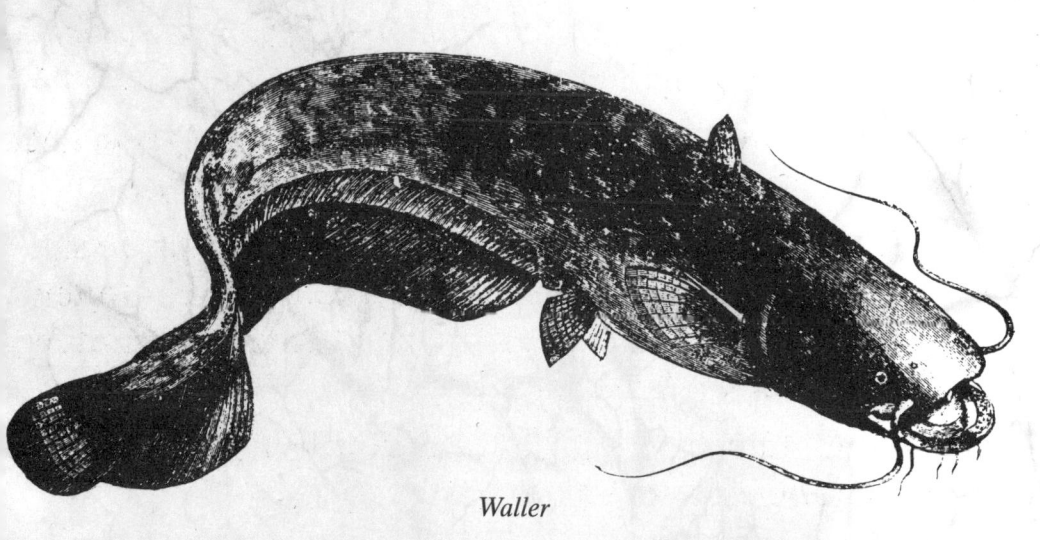

Waller

Gebratener Waller auf Rahmsauerkraut

500 g Wallerfilet, Salz, Pfeffer, Zitrone, Mehl zum Wenden, 40 g Butterschmalz, 50 g gewürfelten Bauchspeck, 1 fein gewürfelte Zwiebel, 40 g Butter, 25 g Mehl, 1/4 Liter Sahne, 1/8 Liter Weißwein, 400 g fertiges Sauerkraut, 1/8 Liter Sauerrahm.

Das Wallerfilet portionieren, mit Salz, Pfeffer, Zitronensaft würzen, in Mehl wenden und im Butterschmalz braten, dann warm stellen.

Den Speck und die Zwiebelwürfel in Butter anbraten, Mehl beigeben, mit Sahne und Weißwein aufgießen und unter ständigem Rühren aufkochen.

Jetzt das gegarte, heiße Sauerkraut dazugeben und alles gut vermengen. Eventuell noch nachschmecken.

Das Rahmsauerkraut auf Tellern anrichten, die Wallerfilets daraufsetzen und mit einem Löffel Sauerrahm zu Tisch bringen. Dazu Kartoffeln reichen.

Chiemseerenke in Zitronenbutter

die Renke (auch Felchen oder Blaufelchen genannt) ist ein 30–60 cm langer Süßwasserfisch in den bayerischen Seen.

4 frische Renken (je 350–400 g), Salz, Pfeffer, 3 Zitronen, 200 g Mehl, 60 g Butterschmalz, 100 g Butter, gehackte Petersilie.

Die Renken auswaschen, trocknen und gut von innen und außen mit Salz, Pfeffer und etwas Zitronensaft würzen. In Mehl wenden und in Butterschmalz gar braten. Aus 2 Zitronen die Filets herausschneiden. Butter aufschäumen, die Zitronenfilets und die Petersilie dazugeben und sofort über die auf einer Platte angerichteten Renken gießen. Dazu frische Dampfkartoffeln und Salat servieren.

Chiemseerenke

55

Hechtschnitzel auf Gerstengemüse

4 Hechtfilets (je 150 g), 8 Streifen grüner Speck, Salz, Pfeffer, Zitrone, 2 Eier, Petersilie, Basilikum, Schnittlauch, etwas Mehl zum Wenden, Butter zum Braten, 30 g braune Butter.

Zunächst die Hechtfilets mit dem Speck spicken, mit Salz, Pfeffer und Zitronensaft würzen.

Dann die Eier mit den fein geschnittenen Kräutern verquirlen. Die Hechtschnitzel gut in Mehl wenden, durch das Kräuter-Ei ziehen und in Butter langsam braten.

Schließlich auf Gerstengemüse anrichten und mit etwas brauner Butter übergießen.

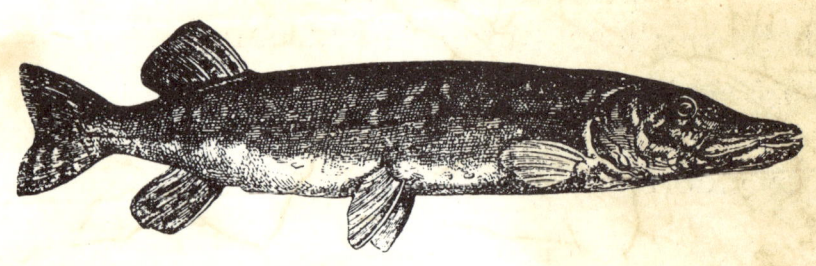

Hecht

56

Gerstengemüse

paßt vorzüglich zu fast allen Fischgerichten.

120 g Perlgraupen (Gerstenkörner, geschält), 60 g fein gewürfelter Räucherspeck, 60 g fein geschnittene Zwiebeln, 120 g Butter, 1/2 Liter helle Brühe, 150 g gekochtes und in Würfel geschnittenes Gemüse (Lauch, Karotten, Sellerie), gehackte Petersilie, gehackte Minze, Salz, Pfeffer.

Die Perlgraupen waschen und etwa 1 Stunde in kaltem Wasser einweichen, das Wasser abschütten und nochmals waschen.

Speck und Zwiebeln in Butter anbraten, die Perlgraupen dazugeben, mit der Brühe auffüllen und etwa 15 Minuten kochen lassen. Dann vom Feuer nehmen und bei geschlossenem Topf noch 30 bis 45 Minuten ausquellen lassen.

Die gekochten Gemüsewürfel, die Petersilie und etwas Minze hineingeben, mit Salz und Pfeffer abschmecken und die restliche Butter hineinrühren. Falls die Perlgraupen zu sehr aufquellen, noch etwas Flüssigkeit zugeben − das Gemüse sollte auf keinen Fall zu dick sein, sondern leicht flüssig und cremig.

Forellennockerln im Dillsupperl

1/2 Liter Wasser, 1/4 Liter trockener Weißwein, Forellengräten für die Brühe, 1 kleine gespickte Zwiebel, Pfefferkörner, Salz, 1 Bund Dill, 250 g frisches Forellenfilet, Pfeffer, 200 g Sahne, Zitrone, etwas Pernod, Cayennepfeffer, 70 g Mehlbutter (je die Hälfte Mehl und Butter verknetet), 1/4 Liter Sahne für die Suppe, 50 g Butter.

Aus Wasser, Weißwein, den Forellengräten, der gespickten Zwiebel, einigen Pfefferkörnern, Salz und Dill eine Fischbrühe herstellen — alles etwa 20 Minuten köcheln lassen. Danach weitere 20 Minuten stehen lassen und durch ein Sieb passieren.

Für die Forellennockerln das gut gekühlte Forellenfilet klein schneiden, salzen, pfeffern und im Mixer unter langsamer Beigabe der Sahne eine glatte Masse herstellen, dann mit Zitrone, etwas Pernod und Cayennepfeffer abschmecken.

Mit einem Eßlöffel Nockerln abstechen, in der heißen (nicht kochenden) Fischbrühe etwa 5 Min. ziehen lassen, herausnehmen und abgedeckt warm stellen.

Die Fischbrühe mit der Mehlbutter binden und etwa 2 Minuten kochen lassen, dann die Sahne hinzufügen und die Suppe durch ein Sieb passieren.

Anschließend die Butter beigeben, mit dem Mixer gut durchschlagen und die Suppe mit einem Spritzer Pernod, etwas Zitrone, Salz und Pfeffer abschmecken.

Den gehackten Dill und die Forellennockerln in die Suppe geben und servieren.

Forelle

Gesottene Lachsforelle mit Gemüsestreifen

Die Lachsforelle besitzt ein leicht rötliches Fleisch, das jedoch magerer ist als beim Lachs.

4 Lachsforellen (je 350−400 g), 1/2 Liter Wasser, 1/4 Liter trockener Weißwein, 1/8 Liter Essig, Salz, Zucker, 1 Gewürzsäckchen (Pfefferkörner, Lorbeer, Nelke, Thymian, Piment, Senfkörner), 1 kleine Zwiebel, 2−3 Karotten, 1 Stange Lauch, 1 Stück Sellerie, 1 kleine Zucchini, frische gehackte Kräuter, 40 g Butterflocken.

Zu Beginn die Lachsforellen waschen und Kiemen herausschneiden.

Aus Wasser, Wein, Essig, Salz, Zucker und dem Gewürzsäckchen einen Sud herstellen. Zwiebel schälen, in Streifen schneiden und gleich in den Sud geben.

Dann Karotten, Lauch, Sellerie und Zucchini putzen, in feine Streifen schneiden und bereitstellen. In dem Sud die Lachsforellen etwa 10 Minuten gar ziehen lassen, danach die Fische vorsichtig aus dem Sud nehmen und warm stellen.

Nun die vorbereiteten Gemüsestreifen in den Sud geben und etwa 1 Minuten kochen lassen.

Schließlich die Gemüsestreifen auf den Lachsforellen anrichten, die gehackten Kräuter darüberstreuen und mit einigen Butterflocken und etwas Sud auf den Tisch bringen.

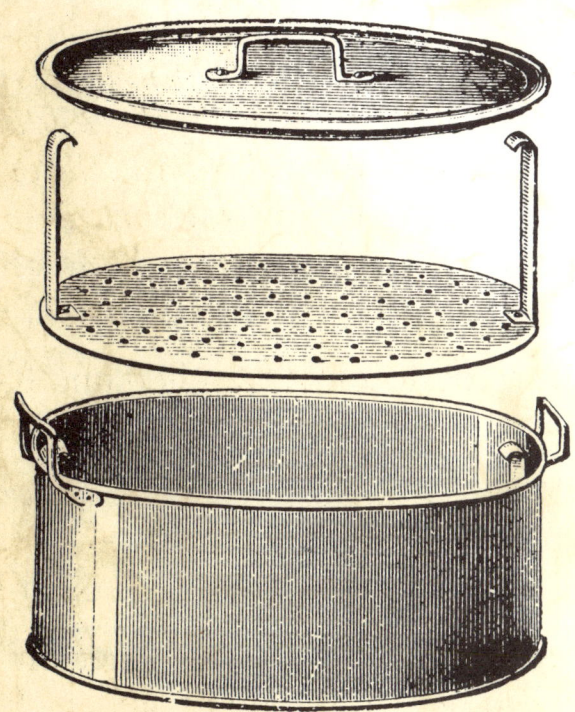

Praktische Fischkasserolle mit Heber

Karpfen gebacken im Glühweinteig

1 Liter Glühwein, 1 Lorbeerblatt, 2 Eigelbe, 150 g Mehl, 2 Eiweiß, 600 g Karpfenfilet, Salz, Pfeffer, Zitrone, Thymian, 100 g Mehl zum Wenden, Fett zum Ausbacken.

Den Glühwein mit dem Lorbeerblatt auf etwa 1/8 Liter einkochen, das Lorbeerblatt entfernen und den Glühwein kalt stellen. Dann die Eigelbe, das Mehl und den Glühwein zu einem Teig verrühren, das Eiweiß steif schlagen und unter den Teig heben.

Die Karpfenfilets mit Salz, Pfeffer, Zitrone und etwas Thymian würzen, in Mehl wenden, anschließend in den Glühweinteig tauchen und etwa 4 Minuten schwimmend im Fett bei 160 Grad ausbacken. Dazu schmeckt eine Mayonnaise und Kartoffelsalat.

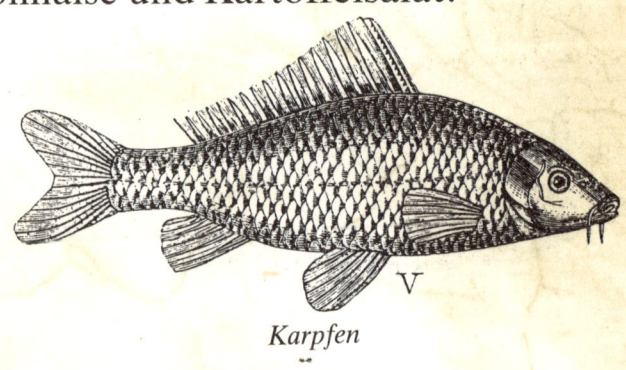

Karpfen

Königssee-Saibling „Prinzregent Luitpold"

Prinzregent Luitpold, der gern bei St. Bartholomä auf die Jagd ging, verspeiste seinen Saibling am liebsten nach folgendem Rezept:

1 1/2 Liter Wasser, 1/4 Liter Weißwein, Salz, Essig, 1 Zitrone, 1 Kräutersträußchen, 1 gespickte Zwiebel, 4 Saiblinge (je 350−400 g), 100 g frische Butter, 40 g Krebsbutter, gehackte Blattpetersilie.

Aus Wasser, Weißwein, Salz, Essig, Zitronensaft, dem Kräutersträußchen und der gespickten Zwiebel einen leicht säuerlichen Sud herstellen.

Die gewaschenen Saiblinge darin 10−15 Minuten gar ziehen lassen.

Die frische Butter mit der Krebsbutter erhitzen, die gehackte Blattpetersilie dazugeben und mit frischen Kartoffeln zu den Saiblingen servieren.

Saibling

Lachs-Cordon-bleu auf Bavaria-blue-Spinat

4 Mittelstücke vom Lachsfilet (je 150 g), 4 Garnelenschwänze, 10 g Butter, Salz, Pfeffer, Zitrone, 60 g Kräuterbutter (Raumtemperatur), 8 blanchierte, große Spinatblätter, Butterschmalz zum Braten.

In die Lachsstücke von der Seite eine kleine etwa 4 cm breite und 3 cm tiefe Tasche einschneiden.

Die Garnelenschwänze schälen, Därme entfernen und in kleine Würfel schneiden. In etwas Butter in einer kleinen Pfanne kurz anbraten und gleich kalt stellen. Danach die Garnelenwürfel mit Salz, Pfeffer und Zitrone leicht würzen und mit der weichen Kräuterbutter vermengen. Diese Masse in die Spinatblätter einwickeln und 1/2 Std. kalt stellen.

Anschließend die gefüllten Spinatblätter jeweils in die Taschen der Lachsstücke stecken, mit Salz, Pfeffer und etwas Zitronensaft würzen und in Butterschmalz langsam braten. Der Fisch sollte glasig sein und die Füllung nur leicht erwärmt. Die Cordon-bleus auf Bavaria-blue-Spinat mit „geschmolzenen" Tomaten und Butterkartoffeln servieren.

Bavaria-blue-Spinat

eignet sich als Beilage besonders gut zu Fisch oder kurz gebratenem Fleisch, aber auch als vegetarisches Gericht mit einer Sättigungsbcilage.

400 g Blattspinat, 30 g fein gewürfelte Schalotten, 1 zerdrückte Knoblauchzehe, 80 g Butter, 150 g Crème double, 100 g Bavaria-blue-Käse, Salz, Pfeffer, etwas Aromat.

Den Spinat putzen, waschen, dann in kochendem Wasser für 1/2 Minute blanchieren und in Eiswasser abschrecken — anschließend gut ausdrücken.

Schalottenwürfel und Knoblauch in 20 g Butter andünsten. Crème double beigeben und kurz aufkochen. Den gewürfelten Käse und die restliche Butter hinzufügen und mit dem Mixstab zu einer cremigen Soße schlagen, mit Salz, Pfeffer und etwas Aromat würzen.

Den Spinat klein schneiden und in die Soße geben, nochmals erwärmen und servieren.

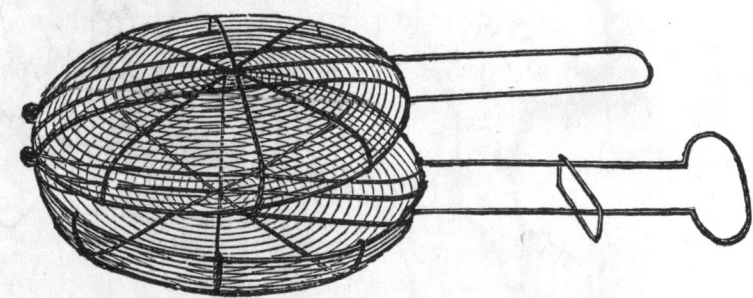

Praktisches Sieb zum Waschen von Blattspinat

Lachspflanzerl

können sehr vielseitig serviert werden, z. B. auf frischen Salaten mit einem Klecks Sauerrahm oder in einer feinen Weißweinsoße mit Spinat und Kartoffeln oder auch nur als kleines Schmankerl warm mit frischer Butter und einem Stück Brot.

25 g fein gehackte Schalotten, 50 g Butter, 2 Scheiben Weißbrot, 350 g Lachsfilet, 50 g Räucherlachs, Petersilie, Dill, Basilikum, 1 Ei, 1 Eßl. Crème fraîche, Salz, Pfeffer, Zitronensaft, Pernod, 30 g Butter zum Braten.

Die fein gehackten Schalotten in Butter andünsten, über das Weißbrot gießen und kalt stellen.

Lachsfilet, Räucherlachs, Kräuter, Ei und 1 guten Eßlöffel Crème fraîche dazugeben. Das Ganze mit Salz, Pfeffer, Zitronensaft und einem kleinen Schuß Pernod würzen. Alles gut vermengen und durch die große Scheibe des Fleischwolfs drehen.

Die Masse nachschmecken und daraus etwa 60 g schwere Pflanzerln formen. Diese in der Pfanne in schäumender Butter langsam gar braten.

Fleisch- und Gemüsegerichte Wildgerichte

Kronfleisch in der Schnittlauchsupp'n

wobei natürlich geriebener Meerrettich nicht fehlen darf. Dazu gibt's ein frisches kräftiges Bauernbrot mit Kartoffel-Gurkensalat.

1 kg Rinderkronfleisch (Zwerchfell), 2 Karotten, 1 kl. Stück Sellerie, 1 kl. Stück Lauch, 1 mit Lorbeer und Nelke gespickte Zwiebel, 2 Liter Fleischbrühe (ungesalzen), etwas geschnittenen Schnittlauch, frischer Meerrettich, Salz, Pfeffer aus der Mühle.

Das Kronfleisch gut waschen und von den dicken Häuten befreien. Alle Gemüse und die gespickte Zwiebel in der Brühe etwa 10 Min. kochen lassen. (Die Gemüse können dann für ein anderes Gericht verwendet werden!)

Dann das Kronfleisch zur Brühe geben und 25–35 Min. leicht sieden lassen – das Fleisch sollte innen noch rosa sein.

In Scheiben schneiden und mit dem Schnittlauch, dem geriebenen Meerrettich und etwas Fleischbrühe anrichten, schließlich salzen und pfeffern, fertig!

Rindvieh der Allgäuer Rasse

Wörnbrunner Krautwickerl in Kräuterrahm

1 Weißkohl, 2 altbackene Semmeln, Salz, etwas Milch, 50 g Champignons, 100 g Steinpilze, 1 Zwiebel, 1 Knoblauchzehe, 300 g gemischtes Hackfleisch, Salz, Pfeffer, Majoran, 2 Eier, Petersilie, 10 geräucherte Wammerlscheiben, 50 g Butter, 1/4 Liter Brühe, 1/4 Liter Sahne, 30 g Mehl, 60 g Butter, verschiedene gehackte Kräuter.

Den Weißkohl vom Strunk trennen und ins kochende Wasser geben. Dann die Blätter ablösen und auf einem Tuch trockenlegen.

Die Semmeln in Würfel schneiden, leicht salzen und mit der heißen Milch übergießen. Die Pilze waschen und mit der gewürfelten Zwiebel und der gewürfelten Knoblauchzehe in einer Pfanne gut anbraten, dann kalt stellen und fein hacken.

Das Hackfleisch mit Salz, Pfeffer und Majoran würzen, die eingeweichten Semmeln, Eier, gehackten Pilze mit viel Petersilie dazugeben und alles gut vermengen, dann abschmecken.

Von der Masse jeweils 1 guten Eßlöffel auf ein Krautblatt geben, dieses zusammenrollen und mit den geräucherten Wammerlscheiben umwickeln. Anschließend in einem gebutterten Bräter dicht nebeneinanderlegen, damit die Wickel sich nicht lösen. Nun mit der Brühe auffüllen und den Bräter für 30 Minuten bei 200 Grad in den Ofen schieben. Danach die Wickerl herausnehmen und warm stellen.

Für die Soße nun die verbliebene Flüssigkeit mit der Sahne auffüllen, Mehlbutter herstellen und die Soße damit leicht binden, dann durch ein Sieb passieren und mit den gehackten Kräutern verfeinern. Hierzu Kartoffelbrei servieren.

Im Forsthaus

Saupolsterl

400 g Schweineschulter, 100 g grüner Speck, 1/8 Liter Sahne, 80 g fein gewürfelte, angebratene Zwiebeln, 1–2 Eier, Salz, Pfeffer, Majoran, etwas Knoblauch, Schweinenetz, 50 g Schweinefett.

(Bitte darauf achten, daß alle Zutaten gut gekühlt sind!)

Schweineschulter und grünen Speck zweimal durch den Fleischwolf (feine Scheibe) drehen, dann die Sahne, die angebratenen Zwiebeln und die Eier mit einem Holzlöffel unter die Masse mengen. Mit Salz, Pfeffer, Majoran und etwas Knoblauch abschmecken.

Das gut gewässerte Schweinenetz auf einem Tuch ausbreiten und in 20 cm große runde Stücke schneiden. In diese Netzstücke die Masse, jeweils 70 g, einwickeln. Diese Polsterl langsam im Schweinefett braten. Durch das Schweinenetz bleiben Saft und Geschmack im Fleisch erhalten. Dazu paßt hervorragend saures Kartoffelgemüse.

Fleischwolf um 1900

Saures Kartoffelgemüse

1 kg Pellkartoffeln, 1 Liter Brühe, 2 Lorbeerblätter, 3 Nelken, 5 Pimentkörner, 5 Wacholderbeeren, 150 g Karotten, 100 g Lauch, 100 g Sellerie, 2 kl. Zwiebeln, 100 g Speckwürfel, 100 g Butter, 60 g Mehl, Essig, gehackte Blattpetersilie, Zucker, Salz, Pfeffer aus der Mühle.

Die Pellkartoffeln in Würfel schneiden. Lorbeerblätter, Nelken, Piment und Wacholderbeeren in der Brühe etwa 10 Minuten kochen, dann abseihen.

Karotten, Lauch, Sellerie und Zwiebeln putzen, in feine Würfel schneiden und zusammen mit den Speckwürfeln anbraten, etwas Brühe aufgießen und 5 Minuten kochen lassen. Dann die Brühe abseihen und die Einlage beiseite stellen.

Aus Butter und Mehl eine leicht gebräunte Einbrenne herstellen, mit etwas Essig und der Brühe ablöschen und zu einer dicklichen Soße anrühren. Schließlich die Kartoffeln, das Gemüse und die Speckwürfel mit der gehackten Petersilie dazugeben und mit Zucker, Essig, Salz und Pfeffer leicht sauer abschmecken.

Leber „sauer"

500 g Leber vom Schwein oder Kalb, etwas Öl und Butter, 1 Zwiebel (in feine Würfel geschnitten), etwas Knoblauch, 1/4 Liter Bratensoße, Essig, Zitronensaft, 1 Prise Zucker, 2 Essiggurken, 50 g frische Champignons, Salz, Pfeffer, Majoran, gehackte Petersilie.

Leber häuten und in feine Streifen schneiden, dann in heißem Fett und Butter kurz (1–2 Min.) anbraten.

Aus der Pfanne nehmen und warm stellen. Die gewürfelte Zwiebel mit dem Knoblauch in die Pfanne geben und ebenfalls leicht anbraten, dann mit der Bratensoße ablöschen und kurz aufkochen. Essig und Zitronensaft und 1 Prise Zucker in die Soße geben.

Essiggurken und Champignons in feine Streifen schneiden. Zum Schluß die Leber mit Salz, Pfeffer und Majoran würzen und alles zusammen mit der Blattpetersilie in die Soße einschwenken (nicht mehr kochen).

Dazu gibt es Kartoffelbrei und grünen Salat.

Rindfleischpflanzerl

4—5 alte Semmeln, 1/4 Liter heiße Milch, 500 g Rinder-hackfleisch, 2 Eier, 2 Zwiebeln, 1/2 zerdrückte Knob-lauchzehe, gehackte Blattpetersilie, 1 Teelöffel Senf, Majoran, Salz, Pfeffer, Paprika, 100 g Butterschmalz.

Die Semmeln in Scheiben schneiden und mit der heißen Milch übergießen. Hackfleisch, Eier, gewürfelte Zwiebeln, Knoblauch, Petersilie, Senf und Majoran dazugeben. Mit den Händen zu einer glatten Masse verarbeiten und mit Salz, Pfeffer und Paprika abschmecken.

Dann kleine Pflanzerl mit nassen Händen formen und in Butterschmalz langsam ausbraten.

Sparen Sie nicht mit den eingeweichten Semmeln, nur sie bewirken eine Lockerung des Fleischteiges!

Kuh der Fränkischen Rasse

75

Schweinsbraten mit Kümmelkruste

1 kg Schweinsknochen (gehackt), 1 kg Schweineschulter oder -nacken mit Schwarte, Salz, Pfeffer, Paprika, 1 Knoblauchzehe, 1 kl. Zwiebel, 200 g Karotte, Sellerie, Petersilienwurzel, 1 Nelke, 1 Lorbeerblatt, 1 Tomate, 1 Liter Wasser oder Brühe, Kümmel.

Zuerst die Schweinsknochen in einem Bräter im 200 Grad heißen Ofen etwa 30 Minuten anrösten.

Dann das Fleisch mit Salz, Pfeffer, Paprika und dem gehackten Knoblauch einreiben und mit der Schwarte nach unten auf die angerösteten Knochen setzen. Die ungeschälte Zwiebel, gewaschene Karotte, Sellerie und Petersilienwurzel grob zerkleinern und mit der Nelke, dem Lorbeerblatt und der Tomate dazugeben. Etwa 30 Minuten bei 200 Grad braten lassen.

Anschließend das Fleisch herausnehmen, die Schwarte kreuzweise einschneiden, Kümmel darüberstreuen und für 1 bis 1 1/2 Stunden wieder in den Ofen schieben. Ab und zu etwas Brühe zugießen.

Schließlich das Fleisch herausnehmen und warm stellen. Die restliche Brühe in den Fond geben und noch etwa 25 Min. weiterkochen lassen. Die Soße durch ein Sieb passieren und abschmecken, das Fleisch in Scheiben schneiden.

Das Fleisch sollte vor dem Anschneiden mindestens noch 30 Min. ruhen, damit nicht zuviel Saft ausläuft. Dazu reicht man Knödel, Blaukraut oder Salat.

Hausschwein

Blaukraut mit Zimt und Orangen

Auf das Marinieren sollten Sie auf keinen Fall verzichten, nur so erreichen Sie den milden und doch herzhaften süß-saueren Kontrast und die raffiniert blauviolette Farbe.

1 1/4 kg Blaukraut, Salz, Zucker, Essig, Pfeffer, 1/4 Liter Orangensaft, 40 g Preiselbeerkompott, 1/8 Liter Rotwein, etwas Zimt, 1/2 abgeriebene Orangenschale, 100 g Apfelmus, 1 Lorbeerblatt, 2 Nelken, 1 große Zwiebel, 80 g Gänse-, Enten- oder Schweinefett, 1/4 Liter Brühe.

Die äußeren Blätter vom Blaukraut entfernen und mit einem Krauthobel oder Messer in nicht zu feine Streifen schneiden. Das Kraut mit Salz, Zucker, Essig, Pfeffer, Orangensaft, Preiselbeeren, Rotwein, 1/2 Teel. Zimt, geriebener Orangenschale, Apfelmus, Lorbeer und den Nelken marinieren. Mindestens einen Tag abgedeckt stehen lassen.

Die Zwiebel in feine Streifen schneiden und im Fett glasig dünsten, das marinierte Kraut dazugeben, die Brühe auffüllen und etwa 1 Stunde schmoren lassen, evtl. noch mit Zucker, Salz, Essig und Zimt nachschmecken.

Goaßbrat'l

man sagt, daß dieses Gericht früher vom Fleisch der Geiß (Ziege) bereitet wurde, wobei die Zwiebelkartoffeln und das Fleisch zusammen in einem Gefäß geschmort wurden. Heute nimmt man das Fleisch vom Schwein.

800 g Kartoffeln, 3 kleine Zwiebeln, 50 g Schweineschmalz, 600 g rohen Schweinebauch, 1 kg fleischiges Brustripperl, Salz, Pfeffer, etwas Knoblauch, Kümmel.

Kartoffeln schälen und in dicke Scheiben schneiden, Zwiebeln schälen, ebenfalls in Scheiben schneiden und zusammen mit den Kartoffeln in einem passenden Bräter mit Schweineschmalz kurz anbraten.

Schweinebauch und Brustripperl mit Salz, Pfeffer, Knoblauch gut würzen und auf die Zwiebelkartoffeln setzen, Kümmel darüberstreuen und für etwa 1 Stunde bei 200 Grad in den Ofen schieben. Dabei das Fleisch öfters umdrehen und eventuell etwas Wasser dazugeben.

Bei diesem Gericht haben Sie Fleisch und Beilage gleich in eincm Gefäß − so sollten Sie es auch auf den Tisch bringen!

Münchner Sauerbraten

1 Liter Wasser, 1/4 Liter Rotwein, 1/8 Liter Bier-Essig, 60 g Zucker, 2 Zwiebeln, grob gewürfelt, 300 g klein geschnittenes Wurzelgemüse (Karotten, Sellerie, Petersilienwurzel), Lorbeer, Nelken, Wacholder, Pfefferkörner, Piment, 1 1/2 kg Rindsschlegel (am besten ist falsches Filet), Salz, Pfeffer, Fett zum Anbraten, 1 Eßl. Tomatenmark, altes Schwarzbrot.

Für die Marinade in einem Topf Wasser, Wein, Bieressig, Zucker, Zwiebel, Wurzelgemüse und Gewürze zum Kochen bringen und wieder abkühlen lassen. Das Fleisch für mindestens 2 Tage einlegen.

Das Fleisch aus der Marinade nehmen, salzen, pfeffern und in heißem Fett von allen Seiten gut anbraten. Gemüse und Gewürze aus der Marinade nehmen und zum Fleisch geben, kurz mitbraten. Tomatenmark und Schwarzbrot dazugeben.

Mit der Marinade auffüllen und das Ganze abgedeckt im Ofen (je nach Fleischstärke) etwa 2 1/2 Stunden

Marktplatz von München Mitte 19. Jahrhundert
(heute Marienplatz)

schmoren lassen. Sobald das Fleisch gar ist, herausnehmen und warm stellen.

Die Soße durch ein feines Sieb passieren und nachschmecken. Das Fleisch auf vorgewärmter Platte aufschneiden und mit der Soße übergießen. Dazu passen Knödel aller Art, Blaukraut oder Salat.

Bier-Essig ist von der Säure her nicht so extrem scharf und vom Geschmack her voller. Er verleiht dem Gericht das abgerundete Aroma.

Restaurant um 1900

Kalbsbrust mit Brez'nfüllung

Für die Füllung: 2 alte Semmeln, 3 Laugenbrez'n, 1 kl. Tasse heiße Milch, 1 kleine Zwiebel, 80 g Butter, 50 g Champignons, 1 Karotte, 100 g Kalbsbrät, 2 Eier, 50 g gekochte Erbsen.

Für den Braten: 1 Kalbsbrust (vom Metzger vorbereitet mit Tasche), Salz, Pfeffer aus der Mühle, 300 g Kalbsknochen, 1 Zwiebel, 2 Karotten, 1 Sellerie, 1 Tomate, Lorbeerblatt, Nelke, Butter zum Bestreichen.

Füllung: Semmeln und Brez'n in Würfel schneiden und mit der vorher erhitzten Milch übergießen. Zwiebel in feine Würfel schneiden und in der Butter goldbraun braten. Champignons vierteln, Karotte schälen, würfeln und blanchieren. Das Kalbsbrät, Eier, Zwiebeln, Champignons, Karotten und Erbsen zu der überbrühten Semmel-Brez'n-Masse geben und alles gut mit einem Holzlöffel vermengen.

Die Kalbsbrust von innen und außen salzen und pfeffern, mit der Masse füllen und gut zubinden.

Die Kalbsknochen, gewürfelte Zwiebel, Karotten, Sellerie, Lorbeerblatt und Nelke in einen Bräter geben und die Brust daraufsetzen. Bei 200 Grad im Ofen braten, dabei öfters mit der Brühe übergießen, so wird das Fleisch nicht trocken und gleichzeitig entsteht eine hervorragende Soße. Die Brust braucht gut 2 Stunden. Dann die Brust herausnehmen, mit Butter einstreichen und mindestens 30 Min. an einem warmen Ort ruhen lassen. In der Zwischenzeit die Soße durch ein Sieb passieren, danach die Brust mit einem scharfen Messer aufschneiden. Zur Kalbsbrust gibt's einen schönen Salatteller mit Kartoffelsalat.

Gasbrat- und Backofen um 1900

Kalbsbries gebacken in Kräuterbröseln

600 g Kalbsbries, 1 gespickte Zwiebel, 1/2 Stange Lauch, Kräutersträußchen, Salz, Pfeffer, Zitrone.

Zum Panieren: Semmelbrösel, gehackte Kräuter (wie Petersilie, Basilikum, Schnittlauch, Estragon, Dill), Mehl, Ei, 80 g Butter.

Zuerst das Bries gut wässern, dann mit der gespickten Zwiebel, dem Lauch und dem Kräutersträußchen etwa 10 Min. in leicht gesalzenem Wasser gar ziehen lassen. Das Bries herausnehmen, abkühlen lassen, häuten und in 1 cm dicke Scheiben schneiden. Mit Salz, Pfeffer und etwas Zitrone würzen.

Nun die Semmelbrösel mit den gehackten Kräutern vermengen. Dann das Bries in gewohnter Weise zuerst in Mehl, dann in Ei und zuletzt mit den Kräuterbröseln panieren.

Schließlich die panierten Briesscheiben in schäumender Butter ausbacken und servieren. Dazu schmeckt hervorragend Kartoffel-Gurkensalat.

Kalbshax'n mit Schmorgemüsen

1 hintere Kalbshaxe (etwa 1,8 kg schwer), Salz, Pfeffer aus der Mühle, 1 Knoblauchzehe, Fett zum Anbraten, 100 g Schalotten, 300 g Karotten, 200 g Sellerieknolle, 3/4 Liter Brühe.

Die Kalbshaxe gut mit Salz, Pfeffer und dem zerdrückten Knoblauch einreiben und in einem passenden Bräter leicht anbraten. Dann für zunächst 1 1/2 Stunden bei 200 Grad in den Ofen schieben.

Die Schalotten schälen und halbieren, die Karotten sowie den Sellerie schälen und in mundgerechte Stücke schneiden. Das Gemüse zur Kalbshaxe geben und diese öfter mit etwas Brühe ablöschen. Nach etwa 2 1/2 Stunden ist das Ganze fertig.

Dann das Fleisch vom Knochen lösen, den entstandenen Bratensaft abschmecken und mit den Gemüsen servieren. Dazu gehören selbstverständlich Semmelknödel.

Semmelknödel

die obligatorische Beilage zu Kalbshax'n, Schweinsbraten und anderen Fleischgerichten, bei der man alte Semmeln wunderbar verwerten kann.

1 Zwiebel, 60 g Butter, 8 alte geschnittene Semmeln (oder etwa 500 g Knödelbrot), Salz, Pfeffer, Muskat, 1/4 Liter Milch, gehackte Petersilie, 3—4 Eier, Salzwasser.

Die Zwiebel in feine Würfel schneiden und in Butter glasig dünsten. Die geschnittenen Semmeln in eine Schüssel geben, mit Salz, Pfeffer und Muskat würzen, mit der heißen Milch übergießen und abgedeckt 5—10 Min. ruhen lassen. Dann die Zwiebeln, Petersilie und die Eier dazugeben, vorsichtig miteinander vermengen, mit nassen Händen Knödel formen und diese in Salzwasser 15 Minuten kochen lassen.

Semmelknödel

Gesottenes Kalbszüngerl in Dillrahm

2 Kalbszungen, 2 Liter Wasser, 1/4 Liter Weißwein, 1 gespickte Zwiebel, 1 Stück Lauch, 1 Stück Sellerie, Pfefferkörner, 1 Kräutersträußchen, 50 g Butter, 30 g Mehl, Salz, Pfeffer, 1 Prise Zucker, Dill.

Die Zungen sauber waschen und in 2 Liter Wasser mit dem Weißwein, der gespickten Zwiebel, dem Lauch, Sellerie, einigen Pfefferkörnern und dem Kräutersträußchen schön weich kochen. Dann die Zungen aus dem Sud nehmen und gleich die Haut entfernen.

Den Sud durch ein Sieb passieren und auf 1/2 Liter einkochen. Aus Butter und Mehl eine Mehlschwitze herstellen und mit dem Sud aufgießen, aufkochen und unter ständigem Rühren etwa 5 Min. kochen lassen. Mit Salz, Pfeffer und einer Prise Zucker würzen, Sahne dazugeben, die Soße nochmals durchsieben, dann den Dill klein schneiden und in die Soße geben.

Wenn Sie zu dieser Soße, bevor Sie den Dill hinein-
streuen, noch ein schönes Stück Butter geben und kräftig mixen, wird die Soße besonders glatt und elegant.

Die Zungen am besten der Länge nach in dünne Scheiben schneiden, leicht salzen und mit der Soße überziehen.

Dazu Reis oder Kartoffeln servieren.

1. Keule (Stoß), 2. Nierenstück, 3. Cotelettes,
4. Brust.

Das Beste vom Kalb im Safran-Buttersud

mein Lieblingsgericht, weil es leicht ist, den zarten Geschmack des Kalbes aufweist und außerdem zeigt, daß bayerische Küche besonders vielseitig sein kann.

1 Kalbszunge, 1/2 Liter Salzwasser, 2 Lorbeerblätter, 1 geschälte Zwiebel, 2 Karotten, 200 g frisches Kalbsbries, 200 g Kalbsfilet (bereits von den Sehnen befreit), Salz, Pfeffer, 150 g Butter, 1 g Safranfäden, frische Kräuter.

Kalbszunge mit den Lorbeerblättern im Salzwasser weich kochen, dann herausnehmen und sogleich die Haut entfernen. Im gleichen Sud die ganze Zwiebel, die Karotten und das gewässerte Kalbsbries gar kochen. Danach das Bries häuten.

Das Kalbsfilet (es sollte rosa sein) ebenfalls im Sud gar ziehen lassen. Den Sud auf etwa 1/2 Liter einkochen, durch ein Sieb passieren, mit Salz und Pfeffer würzen und die Butter mit dem Mixstab hineinrühren, die Safranfäden beigeben.

In tiefen Tellern jeweils ein Stück Kalbszunge, Bries, Filet, 1/2 Karotte und 1/4 Zwiebel anrichten, leicht salzen und pfeffern und anschließend mit dem Safransud, dem Sie vorher die frischen Kräuter beigegeben haben, übergießen. Dazu frische Kartoffeln servieren.

Im Biergarten

Kalbsnierenbraten

In Bayern darf der Kalbsnierenbraten auf keiner echten Bauernhochzeit fehlen. Er wird mit Knödeln, Nudeln und einer großen Salatauswahl auf der Hochzeitstafel angerichtet und jeder nimmt sich, soviel er möchte. Wir empfehlen Ihnen, einen Kalbsnierenbraten bereits fertig vorbereitet beim Metzger zu kaufen.

1 1/4 kg Nierenbraten (vom Metzger vorbereitet, gerollt und gebunden), Salz, Pfeffer, 500 g klein gehackte Kalbsknochen, 200 g Röstgemüse (Zwiebel, Sellerie, Karotte, Petersilienwurzel) 1/2 Liter Kalbsfond oder Brühe.

Den vorbereiteten Kalbsnierenbraten gut mit Salz und Pfeffer einreiben und in einem Bräter auf die gehackten Kalbsknochen und das Röstgemüse setzen. Für etwa 2 Stunden bei 190 Grad in den Ofen schieben, dabei hin und wieder mit etwas Kalbsfond übergießen (der Braten sollte immer feucht gehalten werden). Den Braten öfters wenden. Sobald er gar ist, herausnehmen und warm stellen. Den restlichen Kalbsfond in die Soße geben und noch 10 Min. weiter kochen lassen. Die Soße durch ein Sieb passieren, abschmecken und auf der vorgewärmten Platte anrichten.

Oberbayerische Trachten

Ochsenschwanzerl in Rotwein

Dieses Gericht erfordert etwas Zeit und Geduld, doch der unvergleichliche, kräftige Rindsgeschmack wird Sie dafür entschädigen.

3 kg Ochsenschwanz, Salz, Pfeffer, etwas Mehl, etwas Fett zum Braten, 2 Zwiebeln, 2 Karotten, 100 g Sellerie, 100 g Petersilienwurzel, 1 Eßl. Tomatenmark, 1 Lorbeerblatt, etwas Piment, 2 Knoblauchzehen, 2 Nelken, etwa 1/2 Liter kräftigen Rotwein, 1 Liter Rindsbrühe, etwas Zucker.

Den Ochsenschwanz am Gelenk in Stücke teilen, salzen und pfeffern, in Mehl wenden und in Fett von allen Seiten gut anbraten.

Zwiebeln, Karotten, Sellerie und Petersilienwurzeln grob würfeln und mitschmoren. Tomatenmark, Lorbeer, Piment, Knoblauch und Nelken dazugeben und kurz mitrösten. Dann mit dem Rotwein ablöschen und mit der Brühe aufgießen. Zugedeckt 2−3 Stunden weich schmoren.

Sobald der Ochsenschwanz weich ist (das Fleisch muß sich leicht vom Knochen lösen lassen), diesen aus der Soße nehmen und noch warm vom Knochen lösen.

Die Soße durch ein Sieb passieren und eventuell noch mit etwas Zucker nachschmecken. Über das Fleisch gießen und nochmals erhitzen.

Eine besonders empfehlenswerte Beilage ist ein Brez'n Gugelhupf.

Im Schlachthaus

Brez'n-Gugelhupf

Schneiden Sie den Gugelhupf erst am Tisch vor den Augen Ihrer Gäste auf: Sie werden sehen, daß auch eine Beilage einmal die Hauptsache sein kann.

2 altbackene Semmeln, 5 altbackene Brez'nstangerl oder Brez'n, 1/2 Liter heiße Milch, 1/8 Liter Sahne, 1 kleine, gewürfelte Zwiebel, 60 g Butter, Salz, Pfeffer, Muskat, 1 Ei, 3 Eigelb, 3 Eiweiß, 10 g Weizenpuder.

Für die Form: etwas Butter und Semmelbrösel (Mehl).

Semmeln und Brez'nstangerl in etwa 1/2 cm große Scheiben schneiden, mit der heißen Milch und Sahne überbrühen und abgedeckt etwa 10 Minuten stehen lassen.

Die Zwiebel in Butter andünsten, zur Brez'nmasse geben und mit Salz, Pfeffer und Muskat würzen. Das Ei und die Eigelbe beigeben und die Masse gut vermengen. Eiweiß zusammen mit dem Weizenpuder cremig (nicht steif) schlagen und unter die Masse heben.

Gugelhupfform buttern, mit Semmelbrösel ausstreuen, die Masse etwa 3/4 voll einfüllen und im Ofen bei 160 Grad 35–45 Min. backen. Den Gugelhupf auf eine Platte stürzen und ein paar Butterflocken darübergeben.

Zum Ochsenschwanzerl, zu einem beliebigen Ragout, Wildgericht usw. servieren.

Brez'n-Gugelhupf

Bayerische Ente

1 frische Ente (2 1/2−3 kg schwer), Salz, Pfeffer aus der Mühle, 1 Apfel, 2 Zwiebeln, 1/2 Orange, Knoblauch, Majoran, 1/4 Liter Wasser, 1/4 Liter Geflügelbrühe.

Die Ente abspülen und trocknen, Flügel und Hals abschneiden und die Ente von innen und außen mit Salz und Pfeffer kräftig würzen.

Apfel, Zwiebeln und Orange in kleine Stücke schneiden, mit Knoblauch und Majoran würzen und die Ente damit füllen. Dann zubinden.

Flügel und Hals klein hacken und in einen Bräter geben, die Ente daraufsetzen, das Wasser dazugießen und 2 bis 2 1/2 Stunden bei 180 Grad im Ofen braten lassen, dabei immer wieder mit dem austretenden Fett übergießen.

Sobald die Ente gar ist (beim Anstechen muß klarer Saft austreten), aus dem Bräter nehmen, das Fett absondern und die Geflügelbrühe zugießen. Nun die Entenfüllung dazugeben und weitere 20−30 Minuten kochen lassen.

In der Zwischenzeit die warmgestellte Ente portionieren und auf einer feuerfesten Platte anrichten. Die Ententeile mit Salzwasser einpinseln (dann wird die Haut besonders knusprig) und nochmals für 5 Minuten bei voller Oberhitze in den Ofen schieben. Zum Schluß die Soße durchsieben und gesondert in einer Sauciere servieren.

Dazu passen besonders gut Blaukraut mit Zimt und Orangen sowic Kartoffel-Lauchknödel.

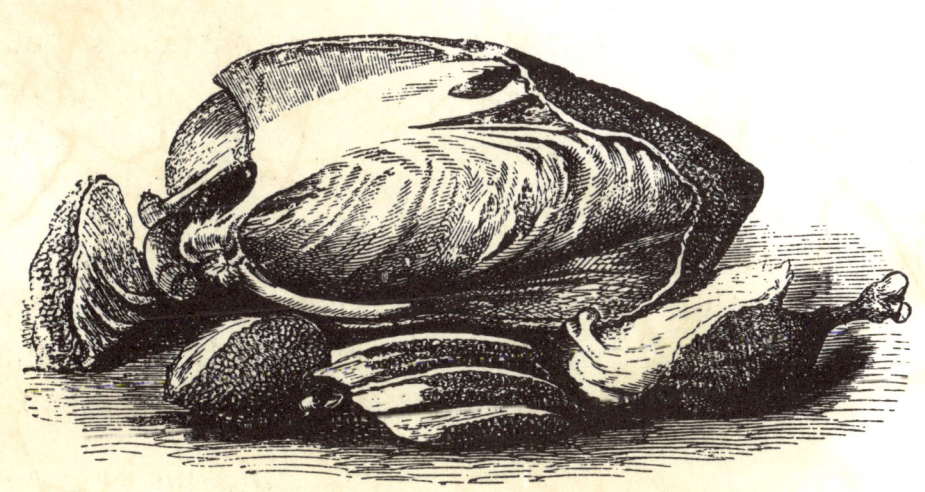

Zerlegen der Ente

Kartoffel-Lauchknödel

Diese Kartoffelknödelart ist durch den Lauch frischer und sicherlich interessanter als die üblichen Knödel aus bestimmten Industrieprodukten.

600 g rohe, geschälte Kartoffeln (mehlige Sorte), 600 g gekochte Pellkartoffeln, 1 mittelgroße Stange Lauch, 1 Ei, etwas Mehl, Salz, geröstete Weißbrotwürfel, etwas Kartoffelstärke, 2 1/2 Liter Salzwasser.

Die rohen Kartoffeln reiben und mit einem Tuch auspressen, die heißen Pellkartoffeln schälen und durch die Kartoffelpresse drücken. Den Lauch halbieren, waschen und in dünne Streifen schneiden.

Die geriebenen Kartoffeln, die durchgepreßten Pellkartoffeln und Lauchstreifen mit dem Ei und Mehl zu einem festen Teig verarbeiten, dann salzen. Mit feuchten Händen Knödel formen und diese in der Mitte mit ein paar gerösteten Weißbrotwürfeln füllen. Das Salzwasser zum Kochen bringen, dieses mit etwas in kaltem Wasser angerührter Kartoffelstärke leicht binden und darin die Knödel etwa 20 Minuten gar ziehen lassen.

Lammkeule mit Knoblauch und Minze

1 Lammkeule (etwa 1,2 kg für 4 Personen), 2 gehackte Knoblauchzehen, Salz, Pfeffer, etwas Fett zum Braten, 200 g Röstgemüse, 1 Tomate, 1/2 Eßl. Mehl, 1/4 Liter Bratensoße, 1/8 Liter trockenen Weißwein, 1/4 Liter Rahm, 40 g Butter, frische Minze.

Die Lammkeule mit dem Knoblauch einreiben, salzen, pfeffern und im Fett von beiden Seiten kurz anbraten.

Das Röstgemüse und die geviertelte Tomate beigeben und die Keule etwa 40 Min. im Ofen bei 200 Grad rosa braten. Herausnehmen und warm stellen.

Das Röstgemüse mit Mehl bestäuben, mit der Bratensoße und dem Weißwein auffüllen, etwa 10 Min. kochen lassen, die Soße durch ein Sieb passieren, die Sahne beigeben und die Butter in die Soße mixen.

Die fein geschnittenen Minzeblätter in die Soße geben und mit Salz, Pfeffer und evtl. etwas Knoblauch nachschmecken. Zum Schluß die Lammkeule aufschneiden und auf der Soße anrichten.

Dazu passen Bavaria-blue-Spinat und Bratkartoffeln.

Wildsauschlegel in Wacholderrahm

1 1/2 kg Wildsauschlegel, Salz, Pfeffer, 50 g Fett zum Braten, 1/2 kg Wildknochen, 100 g geräucherte Speckabschnitte, 400 g Röstgemüse (Zwiebeln, Karotten, Sellerie, Petersilienwurzel), 1 Eßl. Tomatenpüree, 1/2 Orange, gewaschen und gewürfelt mit Schale, Gewürze: 40 zerdrückte Wacholderbeeren, Lorbeer, Thymian, Knoblauch, Pfefferkörner, Piment, 1/2 Liter Rotwein, 60 g Mehl, 1/2 Liter Brühe, 1/4 Liter Apfelsaft, 1/4 Liter Sahne.

Wildsauschlegel abspülen, abtrocknen, dann mit Salz und Pfeffer würzen und in Fett von allen Seiten gut anbraten, anschließend herausnehmen und warmstellen.

Die Knochen, die Speckabschnitte und das gewürfelte Röstgemüse ebenfalls gut anbraten, das Tomatenmark, die gewürfelte Orange und die Gewürze dazugeben und noch kurz weiterrösten. Mit 1/4 Liter Rotwein ablöschen und die Flüssigkeit völlig einkochen.

(Dabei müssen Sie ständig am Herd bleiben, damit nichts anbrennt. Es ist daher empfehlenswert, sich alle Zutaten bereits vor Beginn des Kochens bereitzustellen.)

Nun das Mehl dazugeben und noch einen kleinen Moment rösten. Den restlichen Rotwein, die Brühe und den Apfelsaft aufgießen und unter ständigem Rühren aufkochen lassen, das Fleisch dazugeben und das Ganze etwa 90 Minuten bei geschlossenem Topf leise köcheln lassen. Eventuell noch etwas Flüssigkeit nachgießen.

Sobald das Fleisch weich ist, aus dem Topf nehmen und warm stellen.

Dann die Soße durch ein Sieb passieren und mit der Sahne verfeinern. Das Fleisch in nicht zu dünne Scheiben schneiden und mit der Soße servieren. Dazu passen Schwammerl, Blaukraut, Preiselbeeren und Knödel.

Wildschweine

Hasenkeule in Preiselbeersahne

4 gespickte Hasenkeulen, Salz, Pfeffer, Mehl zum Wenden, Fett zum Braten, 250 g Röstgemüse (Zwiebel, Karotten, Sellerie, Petersilienwurzel gewürfelt), Lorbeer, Nelke, Wacholderbeeren, 1 geräucherte Speckschwarte, 30 g Mehl, 1/2 Liter Brühe, 1/4 Liter Rotwein, 1/8 Liter Sahne, 2 Eßlöffel Preiselbeeren, 1 Essig, 60 g Butter.

Die gespickten Hasenkeulen zuerst salzen und pfeffern, dann in Mehl wenden und in heißem Fett von beiden Seiten gut anbraten.

Das Röstgemüse, die Gewürze und die Speckschwarte dazugeben, kurz mitbraten, dann mit Mehl stäuben und die Brühe und den Rotwein auffüllen. Bei geschlossenem Topf im Ofen weich schmoren. Anschließend die Hasenkeulen aus der Soße nehmen und warm stellen.

Die Soße durch ein feines Sieb passieren. Mit der Sahne verfeinern, die Preiselbeeren dazugeben und mit einem Spritzer Essig abrunden. Zum Schluß die Butter in die Soße einrühren. Die Hasenkeulen wieder in die Soße legen und nochmals kurz erwärmen. Dazu Teigknödel und eine süß-saure Beilage servieren.

Altbayerische Teigknödel

1 kleingewürfelte Zwiebel, 80 g Butter, 6 altbackene Semmeln, 80 g Butter, 2 Eier, 2 Eigelb, 130 g Mehl, 1/8 Liter Mineralwasser, Salz, gehackte Blattpetersilie, Pfeffer, Muskat, Salzwasser.

Die gewürfelte Zwiebel in etwas Butter andünsten, die Semmeln in Würfel schneiden und in der restlichen Butter rösten.

Dann aus den Eiern, Eigelb, Mehl, Mineralwasser und Salz einen flüssigen Spätzleteig herstellen, das geröstete Brot, die Zwiebeln und Petersilie hineingeben und mit einem Holzlöffel locker vermengen.

Mit Salz, Pfeffer und Muskat würzen und gut vermengen (die Masse darf nicht zu feucht sein, sonst können die Knödel im Salzwasser nicht mehr aufgehen!).

Mit nassen Händen Knödel formen und in kochendem Salzwasser 20−25 Minuten garen. Teigknödel passen nicht nur zu Gulasch, Ragouts und Krautgerichten, sondern auch zur Hasenkeule.

Hasenrückenfilet auf rotem Zwiebelragout

200 g rote Zwiebeln, 1/2 Liter Rotwein (reduziert auf 1/4 Liter), 50 g Zucker, 1 Lorbeerblatt, Salz, 2 Stück Hasenrücken, Fett zum Braten, 150 g Röstgemüse (Zwiebel, Sellerie, Karotte, Petersilienwurzel), Wacholderbeeren, Nelke, Lorbeer, Piment, Knoblauch, 1 Eßlöffel Tomatenmark, 1/4 Liter Rotwein, 1/2 Liter Fleischbrühe, 50 g Räucherspeckschwarte, 1/2 Apfel, 1/2 Orange, 20 g Mehlbutter, 1/4 Liter Sahne, Pfeffer.

Die roten Zwiebeln schälen und halbieren, dann im reduzierten Rotwein mit dem Zucker, Lorbeerblatt und etwas Salz weich kochen. Die Zwiebeln einen Tag im Sud stehen lassen.

Die Hasenrückenfilets vom Knochen lösen und von den Sehnen befreien, Hasenknochen hacken und dann im Fett kräftig anbraten. Röstgemüse beigeben und mitbraten. Wacholderbeeren, Nelke, Lorbeer, Piment, Knoblauch und Tomatenmark ebenfalls kurz mitbraten. Mit dem Rotwein ablöschen und die Brühe aufgießen.

Weidmann

Die Speckschwarte, den Apfel und die Orange dazugeben und die Soße etwa 2 Stunden langsam kochen. Dabei öfters abschäumen und evtl. noch etwas Fleischbrühe nachgießen. Die Soße durch ein Sieb passieren und auf 1/4 Liter reduzieren. Mit der Mehlbutter binden, mit der Sahne verfeinern und mit Salz, Pfeffer und einem Schuß Gin abschmecken. Die Zwiebeln in Streifen schneiden und in die Soße geben.

Zum Schluß die Hasenfilets salzen, pfeffern und rosa braten, dann auf dem Zwiebelragout servieren. Dazu sind seidene Preiselbeerknödel zu empfehlen.

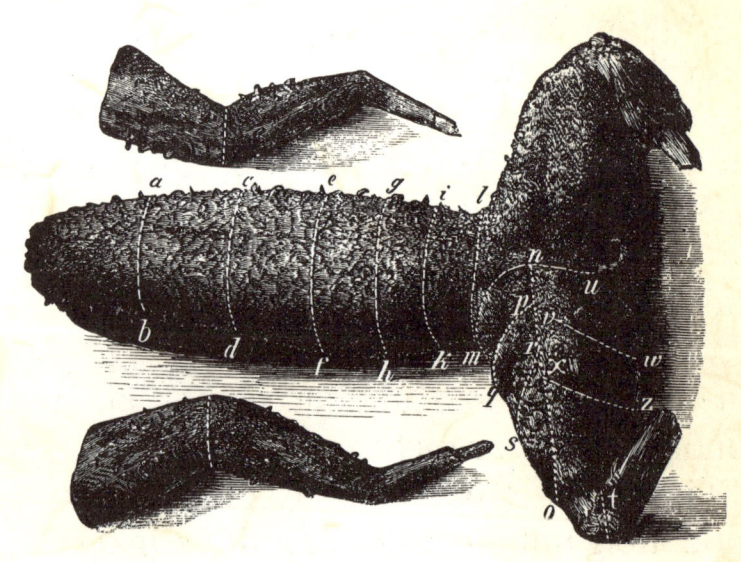

Zerlegen eines Hasen

Seidene Preiselbeerknödel

haben ihren Namen von dem seidigen Glanz ihrer Oberfläche. Wenn die Knödel leicht an den Zähnen hängenbleiben, so ist das ein positives Qualitätsmerkmal.

1 kg gekochte Kartoffeln, Salz, 250 g Kartoffelstärke, 1/4 Liter heiße Milch, 100 g Preiselbeeren, 50 g Zucker, 2 1/2 Liter Salzwasser.

Die geschälten, dann durchgedrückten und ausgekühlten Kartoffeln salzen, mit der Kartoffelstärke vermengen und mit der heißen Milch übergießen.

Die Preiselbeeren mit dem Zucker solange kochen, bis die ersten aufplatzen, dann auf ein Sieb schütten und kalt stellen. Knödel formen und diese mit den abgetropften Preiselbeeren füllen. Das Salzwasser zum Kochen bringen, dieses mit etwas in kaltem Wasser angerührter Kartoffelstärke leicht binden und darin die Knödel 20—25 Min. gar ziehen lassen.

Kochen Sie bei allen Knödeln vorher einen kleinen Probeknödel. Hält er nicht gut, geben Sie noch etwas Mehl, Stärke oder Brösel dazu. Ist er zu fest, lockern Sie den Knödelteig mit einem Ei oder Flüssigkeit.

Rehschnitzel in Blaubeersoße

8 Rehschnitzel (von der Keule oder vom Rücken) je 70 g, Salz, Pfeffer, Mehl zum Wenden, Fett zum Braten, 1 Stück Butter, 1 Eßlöffel Zucker, Essig, 1/8 Liter guten Rotwein, 4 Eßlöffel frische Blaubeeren, 1/4 Liter Bratensoße, Cassis (Johannisbeerlikör), 3 Eßlöffel geschlagene Sahne.

Die Schnitzel leicht klopfen, mit Salz und Pfeffer würzen, dann in Mehl wenden und in heißem Fett von beiden Seiten braten (etwa 1 Min. pro Seite, das Fleisch muß dabei rosa bleiben!). Die Rehschnitzel aus der Pfanne nehmen und warm stellen.

Butter in die Pfanne geben, Zucker dazu und leicht karamelisieren lassen. Mit einem kleinen Spritzer Essig und dem Rotwein ablöschen. Die Blaubeeren und die Bratensoße dazugeben und 1 Min. durchkochen.

Danach die Soße mit etwas Cassis nachschmecken, vom Feuer nehmen, die geschlagene Sahne unterheben und die Rehschnitzel dazulegen. Nochmals kurz erwärmen und mit gebratenen Schwammerln und Reiberdatschi servieren.

Reiberdatschi

Zu Reiberdatschi, auf hochdeutsch Reibekuchen oder Kartoffelpuffer, gibt's in Bayern normalerweise Sauerkraut – doch wir finden, daß er sich auch hervorragend als Beilage zu Wild- und Fleischgerichten eignet.

800 g rohe, geschälte Kartoffeln, 1 Zwiebel, 1 Ei, 1–2 Eßl. Mehl, 1 Eßl. Sauerrahm, Salz, Pfeffer aus der Mühle, Fett zum Braten.

Die Kartoffeln in einer Schüssel rasch reiben. (Sollte trotz schneller Verarbeitung die Masse beginnen braun zu werden, etwas Essig dazugeben!) Die Zwiebel ebenso reiben, Ei, Mehl, Sauerrahm, Salz und Pfeffer dazugeben und miteinander vermengen. Das Fett zum Braten in einer Pfanne erhitzen, kleine Häufchen hineinsetzen (am besten geht es mit einem großen Eßlöffel!) und von beiden Seiten knusprig braten.

Universal-Reibe um 1900

111

Hirschmedaillons in Holunder

8 Hirschmedaillons (vom Rücken) je 75 g, Salz, Pfeffer, Fett zum Braten, etwas Rotwein, 1/4 Liter Wildsoße (aus Hirschknochen herstellen), 80 g Holunderbeeren, 1/8 Liter Sahne, Zucker, Essig, 150 g frische geputzte Pfifferlinge, 30 g Butter, 1 kleine, fein geschnittene Zwiebel, etwas Knoblauch, 10 Holunderblüten (nach Jahreszeit).

Hirschmedaillons salzen, pfeffern, rosa anbraten und warm stellen. Die Pfanne mit etwas Rotwein ablöschen, die Wildsoße und anschließend die Holunderbeeren dazugeben und 2 Min. mitkochen lassen. Nun die Soße mit Rahm verfeinern und mit etwas Essig, Zucker, Salz und Pfeffer pikant abschmecken.

Die geputzten Pfifferlinge in Butter mit der Zwiebel und etwas Knoblauch andünsten. Schließlich die Hirschmedaillons auf einer Platte anrichten, die Soße darübergießen, die Pfifferlinge dazugeben und mit Holunderblüten garnieren.

Jägerlatein

Fasanenbrüsterl auf Frankenweinkraut

Für das Weinkraut:
1 Zwiebel, 50 g Schweinefett, Zucker, 1/4 Liter Franken-
wein, 1/2 kg Sauerkraut, 1 Gewürzsäckchen (Pfeffer-
körner, Wacholderbeeren, Nelken, Piment, Lorbeer,
Kümmel), Salz, Pfeffer.

Für die Brüsterl:
4 Fasanenbrüste, Fett zum Braten, etwas Portwein,
1/4 Liter Wildsoße (evtl. Fertigprodukt), 25 g Butter-
flocken für die Soße.

Für die Trauben:
25 g Butter, Zucker, 100 g Trauben (dünne Schale, ohne
Kerne).

Für das Weinkraut die fein geschnittene Zwiebel in
Schweinefett glasig dünsten, etwas Zucker beigeben
und mit dem Frankenwein auffüllen. Das Sauerkraut
und das Gewürzsäckchen dazugeben und etwa 35 Min.
gar kochen. Mit Salz, Pfeffer und Zucker abschmecken.

Die Fasanenbrüstchen braten (nicht zu schnell und
nicht zu lang, sonst werden sie trocken), aus der Pfanne

nehmen, den Bratensatz mit etwas Portwein ablöschen, die Wildsoße dazugeben und kurz aufkochen, dann vom Feuer nehmen und die kalten Butterflocken in die Soße einschwenken.

Nun die Butter mit Zucker schmelzen und die Trauben darin glacieren.

Schließlich die Brüstchen auf dem Weinkraut anrichten, mit Soße umgießen und die glacierten Trauben rundum anrichten. Als Beilage passen Reiberdatschi oder Grünwalder Ritterzipfe.

Fasane

Grünwalder Ritterzipfe

Sie sind eine leckere Beilage zu allen Braten, schmekken aber ebenso als Schmankerl mit Sauerkraut oder Apfelmus – oder auch nur als Happen zum Bier.

1/2 kg mehlige Kartoffeln, 1 kleine Zwiebel, 100 g geräuchertes Wammerl (Schweinebauch), 100 g gut ausgedrücktes rohes Sauerkraut, 2 Eigelb, Salz, Pfeffer, Muskat, Koriander aus der Mühle, 3 Eßl. Mehl, 30 g Schweineschmalz.

Die Kartoffeln kochen und durch die Kartoffelpresse drücken. Zwiebel und Wammerl in kleine Würfel schneiden und in der Pfanne anbraten. Das gut ausgedrückte Sauerkraut fein hacken.

Sämtliche Zutaten zu der Kartoffelmasse geben und durcharbeiten. (Falls die Masse zu wässrig sein sollte, noch etwas Mehl zugeben!)

Mit mehligen Händen etwa fingergroße Zipfe (Würstchen) rollen und auf einem bemehlten Teller 1 Stunde kalt stellen. Schließlich die Zipfe in Butterschmalz schön knusprig braten.

Süßspeisen

Apfelkücherl in der Mandelkruste gebacken

sie schmecken zu einer Tasse Kaffee genauso wie kombiniert mit Fürchten, verschiedenen Soßen oder Eis.
Das Besondere an *diesen* Apfelkücherln sind die Mandeln, die dem Ganzen eine raffiniert knusprige Note geben.

2 Äpfel, 150 g Mehl, 1 Eigelb, 150 g helles Bier, Salz, 1 Eßlöffel Öl, 2 Eiweiß, 30 g Zucker, Mehl zum Wenden, 50 g gestiftelte Mandeln, Fett zum Ausbacken, 100 g Zucker, 1 Eßl. Zimt.

Die Äpfel schälen, entkernen und in jeweils 4 gleichgroße Ringe schneiden.

Aus dem Mehl, Eigelb, Bier, Salz und Öl einen flüssigen Teig herstellen, dann das Eiweiß mit dem Zucker steif schlagen und vorsichtig unterheben.

Die Apfelringe zuerst in Mehl wenden, dann in den Bier-teig tauchen, bis sie vollkommen mit Teig behaftet sind, schließlich mit den gestiftelten Mandeln überstreuen und sofort im heißen Fett (etwa 170 Grad) ausbacken – jede Seite 2–3 Minuten. Aus dem Fett nehmen und auf einem Rost kurz abtropfen lassen. Den Zucker mit dem Zimt gut vermengen und die Apfelringe darin wenden – fertig!

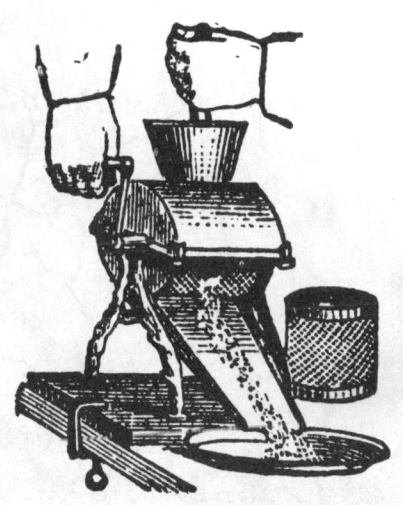

Praktische Mandelmühle um 1900

Buttermilch-Pfann-kuchen mit Aprikosenkompott

100 g Mehl, 1/2 Liter Buttermilch, Salz, 60 g Vanille-zucker, etwas abgeriebene Zitronenschale, 4 Eier, 3 Ei-gelbe, 50 g flüssige Butter, 400 g frische Aprikosen (oder auch aus der Konserve), Zucker, Aprikosenlikör, Zitro-nensaft, Butter zum Ausbacken.

Aus dem Mehl, der Buttermilch, Salz, Vanillezucker, der abgeriebenen Zitronenschale, den Eiern, Eigelben und flüssiger Butter einen glatten Pfannkuchenteig her-stellen.

Die Aprikosen halbieren, entsteinen, zuckern und in einer Pfanne mit etwas Aprikosenlikör und Zitronensaft leicht erwärmen. Nachschmecken.

In etwas Butter kleine Pfannkuchen backen, das warme Aprikosenkompott daraufgeben, einschlagen oder ein-rollen und mit etwas Schlagsahne und Eis servieren.

Aprikosen

Frische Früchte unter der Topfenhaube

Für diese Nachspeise können Sie jedes Obst bzw. jede Frucht verwenden, am besten schmeckt es jedoch mit Beeren. Nehmen Sie eine passende Auflaufform oder, wenn Sie jede Portion einzeln zubereiten wollen, kleine, tiefe Teller. Füllen Sie die Früchte ein, die Sie entweder roh (bei Beeren) oder vorgekocht (bei Äpfeln, Birnen, Pfirsichen etc.) verwenden. Bereiten Sie aus folgenden Zutaten die Topfenhaube (Quarkhaube), geben Sie diese dann auf die Früchte und backen das Ganze etwa 10 Min. im Ofen bei möglichst starker Oberhitze, bis die Haube leicht Farbe nimmt. Servieren Sie dann noch ein schönes Eis, z. B. einen Walnußeisgugelhupf dazu!

Für die Topfenhaube: 500 g Sahnequark (40 %), 50 g Stärkemehl, 80 g Puderzucker, 4 Eigelb, 2 Eßlöffel Rum, 1 Eßlöffel Grand Marnier, 1 Eßlöffel Vanillezucker, abgeriebene Schale von 1 Zitrone.

Alles miteinander verrühren und dann 4 Eiweiß mit 100 g Zucker steif schlagen und unter die Masse heben.

Walnußeisgugelhupf

60 g Zucker, 80 g Walnüsse, 3 Eigelbe, 35 g Honig, 1 cl Zitronensaft, Mark von 1 Vanilleschote, 2 Eßl. Milch, 250 g geschlagene Sahne.

Aus Zucker und Walnüssen Krokant herstellen: Dazu den Zucker karamelisieren, dann die Walnüsse beigeben und auf ein geöltes, feuerfestes Blech schütten. Die Masse ganz auskühlen lassen und mit dem Nudelholz zu feinen Splittern mahlen.

Eigelbe mit Honig und Zitronensaft schaumig schlagen, Vanillemark und Milch dazugeben und nochmals aufschlagen. Zum Schluß noch Walnußkrokant und die geschlagene Sahne untermengen und in einer Gugelhupfform über Nacht einfrieren.

Zum Stürzen die Form kurz in heißes Wasser stellen. Dazu passen wunderbar frische Blaubeeren und lauwarmer Mohnkuchen.

Gugelhupfform

Dampfnudeln

Die Kruste, die sich am Boden des Topfes gebildet hat, ist das Beste an den Dampfnudeln!

Für den Teig:
250 g Mehl, 1 Ei, 30 g Zucker, 30 g Butter, 1/8 Liter warme Milch, 20 g Hefe.

Zum Garen:
1/2 Liter Milch, 50 g Zucker, 80 g Butter, 1 Prise Salz.

In gewohnter Weise aus Mehl, Ei, Zucker, Butter, lauwarmer Milch und Hefe einen guten Hefeteig herstellen und mindestens zweimal „gehen" lassen.

In einem gut zu verschließenden flachen Topf Milch zum Garen warm werden lassen und Butter, Zucker und eine Prise Salz zugeben.

Nun aus dem Hefeteig etwa eiergroße Klöße formen und nochmals gehen lassen.

Danach in den Topf mit der warmen Milch geben, ein Tuch über den Topf legen und mit dem Deckel gut verschließen (es darf kein Dampf entweichen!). Bei kleiner Hitze auf dem Ofen etwa 25 Minuten garen (wenn man ganz nah an den Topf geht, kann man hören, ob die

Nudeln fertig sind – sie klopfen quasi an den Deckel!).
Nach dem Garen noch 5 Minuten stehen lassen, dann
vorsichtig den Deckel und das Tuch abnehmen – es darf
dabei kein Kondenswasser auf die Nudeln tropfen!

Dazu Vanillesoße reichen.

Hundert Jahre alter Gaskocher mit Töpfen und Wasserbehälter

Donauwellen

Für den Teig: 250 g Butter, 250 g Zucker, 6 Eier, 350 g Mehl, 1 Päck. Backpulver, 3 Eßl. Milch, 3 Eßl. Kakao.

Für den Belag: 250 g Schattenmorellen (entsteint).

Für die Creme: 1/2 Liter Milch, 100 g Zucker, 1 1/2 Päck. Vanillepuddingpulver, 250 g Butter, 200 g Schokoladenfettglasur.

Aus Butter, Zucker, Eiern, Mehl und Backpulver einen Rührteig herstellen. Halbe Teigmenge etwa 2 cm dick auf ein gefettetes Backblech streichen. Die zweite Teighälfte mit der Milch und dem Kakao vermengen und über die weiße Masse geben, dann die Kirschen darüberstreuen und 30 Min. bei 200 Grad im Ofen backen.

Inzwischen aus der Milch, dem Zucker und dem Puddingpulver einen festen Vanillepudding kochen und auskühlen lassen. Die Butter weich rühren und unter den Pudding mengen, dann auf dem Kuchen verteilen. Schließlich die Schokoladenfettglasur leicht wellenartig darübergeben.

Hollerkücherl

Der Holunder blüht etwa Ende Mai bis Ende Juni. Die gebackenen Blüten haben einen leicht herben, unverwechselbaren Geschmack und sind für Liebhaber eine ganz besondere Delikatesse!

8 Holunderblütenzweige, 1/4 Liter Milch, 180 g Mehl, 2 Eier, Salz, Fett zum Ausbacken, Zimt, Zucker.

Die Holunderblüten waschen und gut abtropfen lassen. Aus Milch, Mehl, Eiern und Salz einen Pfannkuchenteig herstellen. Die Blüten in den Teig tauchen, kurz abtropfen lassen und in heißem Fett (etwa 170 Grad) ausbacken, dann mit Zimtzucker bestreuen und sofort servieren.

Hollerkücherl schmecken mit Vanillesoße oder Blaubeerkompott am besten.

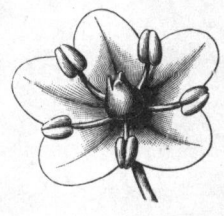

Holunder

Bayerischcreme mit Erdbeeren

5 Blatt Gelatine, 1/2 Liter Sahne, 1/2 Liter Milch, 1 Vanille-schote, 6 Eigelb, 150 g Zucker, 500 g volle Erdbeeren, Puderzucker.

Die Gelatine in kaltem Wasser einweichen. Die Sahne steif schlagen und die Milch mit der ausgekratzten Vanille-schote aufkochen. Eigelb und Zucker gut verrühren.

Die heiße Milch langsam und unter ständigem Rühren auf die Eigelbzuckermasse passieren. Über dem Wasser-bad die Masse mit einem Holzlöffel weiter rühren, bis sie merklich dicker wird. Vom Feuer nehmen und die eingeweichte Gelatine dazugeben. Nun über Eiswasser kalt rühren. Kurz bevor die Masse fest zu werden be-ginnt, die geschlagene Sahne unterheben und die Creme flott in Gläser umfüllen, dann für mindestens 1 Stunde kalt stellen.

Erdbeeren waschen, putzen, mit Puderzucker bestreuen, mit einer Gabel oder einem Kartoffelstampfer grob zer-drücken und über die Creme geben.

Erdbeeren

129

Rahmapfelstrudel

Für den Teig: 450 g Mehl, 1/4 Liter lauwarmes Wasser, 40 g Öl, 5 g Salz, 1/2 Teel. Essig.

Für die Füllung: 1 1/2 kg saure Äpfel, Zucker nach Geschmack, etwas Zimt, 80 g in Rum eingelegte Rosinen, 100 g geröstete Mandelstifte, etwas Zitronensaft, 1/4 Liter sauren Rahm, 150 g in Butter geröstete Semmelbrösel, 50 g flüssige Butter, 1/4 Liter süßen Rahm.

Aus dem Mehl, Wasser, Öl, Salz und Essig einen glatten Teig herstellen, in 4 Stücke teilen und in Klarsichtfolie eingepackt mindestens 40 Minuten an einem warmen Ort ruhen lassen.

Für die Füllung die Äpfel schälen, vierteln, entkernen und in feine Scheiben schneiden. Dann mit Zucker, Zimt, Rosinen, Mandeln, Zitronensaft und dem sauren Rahm vermengen.

Den Teig auf einem gemehlten Tuch möglichst dünn ausrollen und dann weiter mit den Händen ausziehen. Die Semmelbrösel auf dem Teig verteilen und die Apfelfüllung darübergeben. Mit Hilfe des Tuches zusammenrollen und in eine gefette Form geben. Diesen Vorgang viermal wiederholen, bis die Form ausgefüllt ist. Den

Strudel mit flüssiger Butter bestreichen und für etwa 50 Minuten bei 200 Grad in den Ofen schieben. Dabei wird er alle 10 Minuten mit etwas flüssiger Sahne übergossen.

Am besten schmeckt er noch warm zum Kaffee, eventuell mit einer feinen Vanillesoße, als Nachspeise aber auch zu frischem Kompott.

Selbsttätige Kaffeemaschine von 1890

Mohnpfannkücherl mit Rotwein-Birnenkompott

An einem kalten Winterabend sollten Sie dazu einen schönen Glühwein servieren.

Für das Kompott: 3 Birnen, 1/2 Liter Rotwein, Zucker nach Geschmack, Zimt, etwas Williamsbirne.

Für die Pfannkücherl: 2 Eier, 2 Eigelb, 100 g Mohnpaste, 50 g Mehl, 30 g Puderzucker, 20 g geraspelte dunkle Schokolade, Rum, Grand Marnier, etwas Milch, Fett.

Zunächst für das Kompott die Birnen schälen, entkernen und in Spalten schneiden. Den Rotwein auf die Hälfte einkochen, Zucker und etwas Zimt beigeben und die Birnen darin „auf Biß" (nicht zu weich) kochen. Zum Schluß mit Williamsschnaps abrunden.

Sämtliche Zutaten für die Pfannkücherl zu einem glatten Teig verrühren. In einer gut gefetteten Pfanne ausbacken.

Das noch warme Birnenkompott auf die Pfannkücherl geben, einschlagen oder einrollen und servieren.

Mohnpflanze

Lauwarmer Mohnkuchen

erfordert relativ wenig Aufwand und schmeckt hervorragend!

100 g Butter, 100 g Zucker, 4 Eigelbe, 1 Schuß Rum, 30 g Mehl, 30 g Semmelbrösel, 150 g gemahlener Mohn, 4 Eiweiße, Puderzucker.

Die Butter mit der Hälfte des Zuckers schaumig schlagen, die Eigelbe nach und nach zugeben und Rum, Mehl, Semmelbrösel und den Mohn dazurühren. Die Eiweiße mit dem Rest des Zuckers cremig (nicht steif) schlagen und unter die Masse heben.

Eine beliebige Form buttern und mehlen, die Masse einfüllen und etwa 45 Min. bei 175 Grad backen. Kuchen herausnehmen, 10 Min. stehen lassen, dann aus der Form stürzen und mit Puderzucker bestreuen.

Kombiniert mit Früchten oder etwas Kompott (z. B. Zimtbirnen) und einer Kugel Eis ist dieses auch ein phantastisches Dessert.

Omas Nußkuchen

Dies ist ein Rezept meiner Großmutter: Schon als Kind habe ich diesen Kuchen sehr gemocht, weil er immer so schön saftig war und man ihn auch noch nach drei Tagen essen konnte. Saftig wird er durch die Zugabe von Öl, wie sie mir später verriet.

1/4 Liter Speiseöl, 350 g Zucker, 4 Eier, 1/4 Liter kochendes Wasser, 250 g geriebene Haselnüsse (ungeschält), Bittermandelaroma, 1 Päck. Vanillezucker, 500 g Mehl, 2 Päckchen Backpulver, Haselnußglasur.

Öl, Zucker und Eier gut schaumig rühren. Das kochend heiße Wasser und die geriebenen Nüsse, Bittermandelaroma und Vanillezucker dazugeben. Zuletzt das mit Backpulver vermischte Mehl untermengen.

Eine Backform fetten und mit Mehl bestäuben. Den Kuchenteig einfüllen und bei 170 Grad etwa 1 Stunde backen. Auskühlen lassen und mit der Fettglasur überziehen.

Kastenform

Lebkuchen-Auflauf

Dieses Rezept erfordert schon einige Zutaten und Zeit, doch Sie werden überrascht sein, es lohnt sich!

80 g Butter, 40 g Puderzucker, 4 Eigelbe, 70 g dunkle Schokolade (flüssig), 80 g Biskuitbrösel, 20 g Walnüsse (gemahlen), 1 Teelöffel Zimt, Salz, 1 Teel. Lebkuchengewürz, Mark einer Vanillestange, 1 Prise gemahlene Nelken, 3 Eiweiß, 60 g Zucker, Butter und Zucker für die Form.

Butter und Puderzucker schaumig rühren, dann die Eigelbe und die flüssige Schokolade langsam dazugeben.

Biskuitbrösel mit gemahlenen Walnüssen, Zimt, Salz, Lebkuchengewürz, Vanillemark und Nelken mischen und ebenso dazugeben. Das Eiweiß mit dem Zucker cremig (nicht steif) schlagen und vorsichtig unter die Masse heben.

Kleine Auflaufförmchen buttern, mit Zucker bestreuen, die Masse 3/4 hoch einfüllen und bei 180 Grad etwa 25 Minuten backen. Sofort servieren! Dazu schmeckt Vanillesoße oder Weinschaum.

Backstube Mitte 19. Jahrhundert

Plätzchen ohne Butter.

1 Ei, 100 Gramm Zucker, 125 Gramm Mehl,
1 Vanillesoßenpulver, 1/2 Backpulver, 1 Esslöffel Marmelade.
Ei und Zucker schaumig rühren, alle Zutaten hinzufügen.
Mit einem Löffel Plätzchen auf ein gefettetes Blech setzen
und bei mittlerer Hitze backen.

Aus Haferflocken backen wir einen vorzüglichen
Kuchen, der noch tagelang einen sehr einen
merkwürdig mürbe... Geschmack hat. Wir brauchen für
ein Haferflockenkuchen: 2 Tassen Haferflocken 3 Tassen,
Mehl, 2 Tassen Zucker, 2 Eier, 1 Flässchen Zitronen...,
wenn oder den Saft und die Schale einer Zitrone,
1 Päckchen Backpulver und etwas Milch.

Weil sich der Kuchen solange hält und je älter sie ist, um so
besser schmeckt, eignet sie sich vorzüglich zum verschicken ins
Feld.

Lässt man Zitronen 4 Stunden lang vor Gebrauch
in kaltes Wasser, so geben sie viel mehr Saft als sonst.

138

Haselnußtorte

250 gramm geriebene Haselnüsse, 250 gr. Weizengrieß,
250 ... geriebenen Haselkern, 125 .. Puderzucker,
1 Päckchen Backpulver, 10 gr. Himmel geriebene
Zitronenschalen, in einer Schüssel gut vermischen,
mit 1/2 Liter Milch verrühren. In einer
gefetteten Springform 1/2 backen. Den Teig
vollständig auskühlen lassen, durchschneiden,
mit Wienermasse füllen und mit
Zitronen oder Kümmelschür bestreichen
und mit Schlemmerinnen verzieren.

Ohne Butter, ohne Eier zubereitet!!
Eine Haselnuß torte, die ausgezeichnet
schmeckt und nicht schwer verdaulich ist.

Altbayerischer Meth

wie man ihn noch um die Jahrhundertwende aus Wasser und Bienenhonig in vielen bayerischen Haushalten selbst braute. Man kann ihn heute noch auf dem Viktualienmarkt in München kaufen.

Originalrezept von 1880: „Man lasse in einen recht reinlichen, kupfernen Kessel 50−60 Liter weiches Wasser bringen. Ist dies ziemlich warm geworden, so werden etwa 6 Liter Honig hineingerührt, und man läßt Wasser und Honig recht gelinde 1 1/2 Std. sieden. Zeitweilig wird der schmutzige Schleim, der sich oben absetzt, abgeschöpft.
Sobald dieser Sud dann so weit abgekühlt ist, daß er noch mehr Wärme hat als jenes Wasser, das in starker Sonnenhitze erwärmt wurde, so wird er in ein sehr sorgfältig gereinigtes Faß gebracht, der Spund wird darauf gelegt, aber nicht befestigt. Ist der Keller ziemlich warm, dann beginnt nach 5−10 Tagen die Gärung (‚wilde‘ Gärung ohne Hefezusatz). Nach ungefähr 14 Tagen wird dieser junge Meth in ein anderes Faß abgezogen − die auf dem Grund entstandene ‚Hefe‘ muß natürlich zurückbleiben.

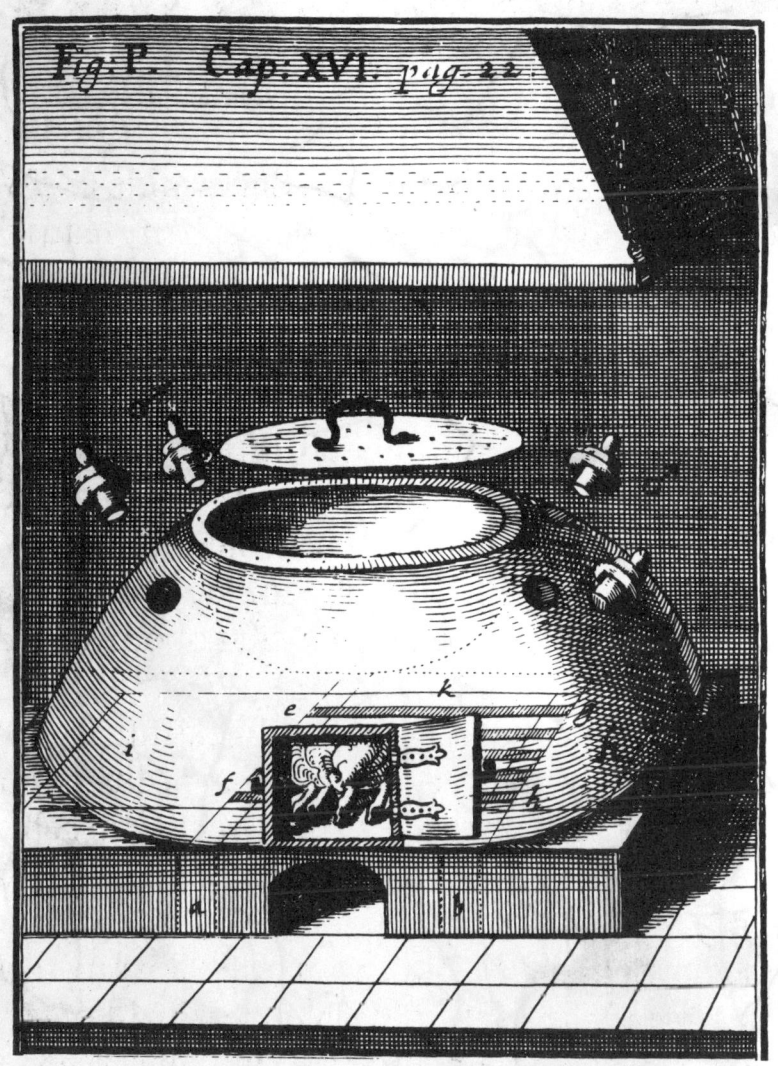

Ofen für großen Siedekessel zur Meth-Herstellung
Mitte 17. Jahrhundert

Im zweiten Faß dauert die Gärung ungefähr 10 – 14 Tage, und wenn der Honigwein ganz ruhig wird, so daß man im Fasse nichts mehr hört, dann wird das Spundloch geschlossen. Nach 3 – 4 Wochen kann dann der Meth hell und trinkbar auf Flaschen abgezogen werden. Gut verkorkt und in kalten Sand gebracht, moussiert er in einigen Tagen ziemlich stark.

Dieser so zubereitete Meth ist nicht allein ein sehr gutes und kräftiges Getränk für Gesunde als Aperitif oder vor dem Schlafengehen, sondern er wird, da leicht gekühlt gehalten, auch von Fieberkranken gern getrunken.

Er hat allgemein einen Alkoholgehalt von 8 – 12 Vol. %."